国家出版基金项目
NATIONAL PUBLICATION FOUNDATION

法治中国建设的理论与实践探索丛书

法治中国

法治中国建设重点工程研究

主　编◎江必新

人民法院出版社

图书在版编目（C I P）数据

法治中国建设重点工程研究 / 江必新主编. -- 北京:
人民法院出版社, 2024.12
（法治中国建设的理论与实践探索丛书）
ISBN 978-7-5109-4067-5

Ⅰ. ①法… Ⅱ. ①江… Ⅲ. ①社会主义法治－建设－
研究－中国 Ⅳ. ①D920.0

中国国家版本馆CIP数据核字(2024)第031569号

法治中国建设重点工程研究
江必新　主编

责任编辑　杨佳瑞
封面设计　天平文创视觉设计
出版发行　人民法院出版社
地　　址　北京市东城区东交民巷27号（100745）
电　　话　（010）67550638（责任编辑）　67550558（发行部查询）
65223677（读者服务部）
客 服 QQ　2092078039
网　　址　http：//www.courtbook.com.cn
E－mail　courtpress@sohu.com
印　　刷　天津嘉恒印务有限公司
经　　销　新华书店

开　　本　787 毫米 ×1092 毫米　1/16
字　　数　185 千字
印　　张　11.75
版　　次　2024 年 12 月第 1 版　2024 年 12 月第 1 次印刷
书　　号　ISBN 978-7-5109-4067-5
定　　价　56.00 元

《法治中国建设重点工程研究》

主　编　江必新

撰写人（以姓氏笔画为序）

王红霞　江必新　李　沫　张　雨

邵长茂　郑礼华　蒋清华

总 序

从1978年进入当时的西南政法学院（现为西南政法大学）开始，我便与法治和法学结下了不解之缘。在跟随恩师张警教授攻读法制史硕士学位期间，我对中西方法制史和法律思想史作了广泛的涉猎；1985年分配到最高人民法院研究室工作，开始对法理学和法治宣传学进行了一定程度的探究；1988年进入最高人民法院行政审判庭工作以后，我转入对行政法、行政诉讼法和国家赔偿法的研究；2001年挂职重庆市委政法委、2002年担任最高人民法院领导职务（其间在湖南省高级人民法院担任三年多院党组书记、院长）之后，随着分管工作的变化，我结合审判实践的需要，开始对刑事法学、民商事法学、环境资源法学、涉外法治、知识产权法学等进行了阶段性的深入研究。2018年担任全国人大常委会宪法和法律委员会副主任委员之后，我对立法学进行了较为深入的钻研。其间，为了改善行政诉讼和其他司法审判环境，不得不关注国家整体的法治建设。不难看出，我的研究在很大程度上属于业余的而非专业的；研究方向和重点在很大程度上因工作岗位的变动而转移；研究的轨迹是先历史，后基础理论，先部门法，后整体法治；研究的目的都是解决工作中面临的理论、实践问题和整体法治环境的改善问题。从党的十八大以后，我开始了对法治中国建设中的理论与实践问题的研究，2014年出版的包括《法治中国的制度逻辑与理性建构》在内的“十八大与法治国家建设丛书”是一个重要节点。到目前为止，先后发表法治中国建设方面的理论文章近两百篇（接近我所发表文章的半数），相关专著十余部。

数十年的法治研究和探讨，使我越来越深刻地意识到，法治不仅是个人自由和其他权利的重要保障、社会秩序和安全的必要条件，而且是民族振兴发达的重要基础、国家长治久安的根本保证。在我看来，对法治的定义不应从先验的抽象原则出发，而应当从其实际演变历程出发；不应从固定的模式或单一的理想类型出发，而应从丰富多彩的多种类型出发。人类的法治文明经历了“以法治国”“依法治国”和“法治国家”三个阶段或形态。“以法治国”阶段仅仅将法律作为治理工具，用不用、用多少取决于最高统治者的意志；“依法治国”阶段强调法在上、权在下，统治者必须依照法律治国理政；“法治国家”阶段不仅强调“法”的品质和质量，而且强调“治”的良善性。中国的法治文明同样经历了上述三个阶段。第一个阶段是漫长悠久的“以法治国”时代。早在春秋战国时期，“以法治国，则举措而已”（《管子·明法》）便由齐国宰相管仲提出。这一阶段的标志性成就是“律以正罪”的《唐律疏议》以及“典以范政”的《唐六典》。第二个阶段是锐意进取的“依法治国”时代。党的十一届三中全会提出“发展社会主义民主，健全社会主义法制”，并提出“有法可依、有法必依、执法必严、违法必究”的法治建设方针；党的十五大提出“依法治国，建设社会主义法治国家”，依法治国成为中国共产党领导人民治理国家的基本方略；1999年我国《宪法》首次确立依法治国原则；2004年《宪法》首次确立人权原则。第三个阶段是波澜壮阔的“法治中国”建设时代。2013年1月，习近平总书记就做好新形势下政法工作作出重要指示，首次从官方的角度提出了建设法治中国的目标。随后，党的十八届三中全会、四中全会、十九大、二十大以及二十届三中全会多次重申该目标。党的十九大和2021年1月中共中央印发的《法治中国建设规划（2020—2025年）》明确提出了法治中国建设的时间表和路线图，即要在2025年初步形成社会主义法治体系，2035年基本建成法治中国，到本世纪中叶全面建成法治中国。党的二十大报告首次将“坚持全面依法治国，推进法治中国建设”作为专章部署。党的二十届三中全会提出，法治是中国式现代化的重要保障。全面推进国家各方面工作法治化。

古今中外的法治建设经验和教训证明：不是什么样的法都能治国，也不是什么样的法都能治好国；法治也有善恶优劣之别、高下逆顺之异。正因为如此，有必要本着理性的建构主义立场，能动地提出法治国家建设的目标，使法治的发展能给中华民族和整个人类带来福祉。同时，法治建设也是一场深刻的革命，是一个艰巨、复杂而长期的工程，不可能一蹴而就，需要久久为功。此外，法治自身也需要不断发展完善，需要在德（人本性、合正义性等）、智（科学化、智能化等）、体（体系化）、美（和谐性、可接受性等）、力（实施力、实现力、执行力、影响力等）、境（法治实施的环境等）诸方面得到不断的全面发展。

当前，我们正处在全面推进法治中国建设的新阶段，有必要从法治中国建设的目标定位、基本图景和推进路径三个层面，准确把握和深入理解我们正在从事的伟大事业。

首先，要明确法治中国建设的目标定位。我们党在历史上也先后提出过“发展社会主义民主、健全社会主义法制”“依法治国、建设社会主义法治国家”“全面依法治国、建设法治中国”等一系列概念。这些概念之间究竟是什么关系？为什么提出“法治中国”？要厘清这些问题，需要把握四点定位。其一，法治中国承继了人类法治文明成果。从《法治中国建设规划（2020—2025年）》来看，它包含了人类在漫长的法治建设过程中共同遵守的一些基本理念、价值、准则，例如宪法和法律至上、公平正义、法治平等、对公权力的监督与制约、尊重和保障人权、保证司法机关依法独立行使职权、良法善治等。其二，法治中国发展了依法治国理念。传统上讲，依法治国的核心理念是所谓“老十六字方针”，即有法可依、有法必依、执法必严、违法必究。但法治中国建设明确提出了“新十六字方针”，即科学立法、严格执法、公正司法、全民守法。这显然已远超依法治国的传统含义，其核心要求本质上是更加全面、实质的良法善治。其三，法治中国确立了全面依法治国的目标。以习近平同志为核心的党中央提出“四个全面”战略布局，包括全面建设社会主义现代化国家、全面深化改革、全面依法治国、全面从严治党。这一战略布局表明全面依法治国的目标是法治中国，全面依法治国是法治中国实现的过程和路径。其四，法治中国凸显了法治国家建设的本土特色。当今世界上，法治国家已有不少，每一个国家在法治建设进程中都有自己特有的理念、规则和道路，世界上没有两个法治国家是完全相同的。法治中国概念突出的正是我们要走中国特色社会主义法治道路，强调从中国的实际情况出发，解决中国问题，富有中国气象。

其次，需要明确法治中国建设的基本图景。建设图景所要回答的问题是：我们要建设的法治中国应当由哪些元素所构成。笔者以为，未来法治中国建设的图景至少包括以下四种层色：一是中国特色，这就是要坚持正确的政治方向，要走中国特色社会主义法治道路。中国特色所包括的主要内容是：坚持党的领导；坚持以人民为中心；坚持社会主义制度；坚持贯彻中国特色社会主义法治理论；坚持社会主义核心价值观；坚持从中国的实际出发，不照抄照搬别国的模式；坚持依法治国与以德治国相结合；坚持服务党和国家大局；等等。离开这八个坚持，法治中国建设就会失去“中国性”。二是法治底色，即要坚持人类关于法治的基本共识，坚持法治的基本理念、规则和价值。这些基本理念、规则和价值的主要内容包括：坚持宪法法律至上；坚持在全社会实现公平正义；坚持法治平等；坚持尊重和保障人权；坚持制约和监督公共权力；坚持保证司法机关依法独立行使职权；坚持公共权力机关法无授权不可为、法定职责必须为等部门法原则；坚持良法善治；等等。失去上述八个坚持，法治中国建设就会失去法治的基本性质。三是实践鲜色，即要根据中国和世界不断变化的形势和情况，确立新的理念，建构新的体制、制度和机制，从而保证法治中国建设的实践品质，增强法治中国建设的实践效能。四是时代亮色，即要根据时代的发展和人类文明的进步，充分运用全人类新的科学、技术、智识和经验，不断丰富法治中国建设的资源和内涵，从而永葆法治中国建设的先进性。

最后，需要明确法治中国的建设路径。一要明确法治中国建设的主要任务。我们认为，主要任务包括：建设中国特色社会主义法治体系是总抓手；确保宪法全面实施是首要任务；科学立法、严格执法、公正司法、全民守法是重点任务；在法治轨道上推进国家治理体系和治理能力现代化是核心任务；运用法治维护国家主权、安全和发展及核心利益是急迫任务；运用法治保障民族复兴伟业和现代化建设事业是常规任务。二要明确法治中国建设的推进方略。主要包括七个统筹：统筹依法治国与依规治党；统筹共同推进（依法治国、依法执政、依法行政共同推进）与一体建设（法治国家、法治政府、法治社会一体建设）；统筹国内法治与国际法治；统筹法治建设与法治改革；统筹法律制定与法律实施；统筹现实社会治理与网络社会治理；统筹法治体系和制度建设与法治文化建设；等等。三要明确法治中国建设的具体方式。主要包括以下五个结合：顶层设计、中间推动与基层创造相结合；问题导向、目标导向和效果导向相结合；条线治理（生态环境保护等）、区域治理（依法治县、依法治市、依法治省等）与基层治理（乡村、社区治理等）相结合；理论研究、理论指导与实践检验相结合；汲取中华优秀传统文化、弘扬红色法治文化、借鉴域外法治有益经验相结合；等等。四要明确法治中国建设的基本保障。主要包括政治、组织、队伍、思想、物质、科技等六大保障。

法治中国的全面建成，不仅需要一整套成熟定型的、好使管用的、能解决中国问题的、具有现代化性质的法律制度体系，而且需要各级领导干部老老实实抓法治、不折不扣践行法治、认认真真坚守法治，还需要全体社会成员切实尊法、学法、守法、用法。为了实现上述目标，笔者不揣浅陋，在习近平新时代中国特色社会主义思想尤其是习近平法治思想的指引下，在中央宣传部出版项目的资助下，在邵长茂、章志远、邓江源、乔宇、王琪璟、蒋清华、黄先雄、黄明慧、孙珺涛、戢太雷、曹梦娇等同志的友情帮助下，在人民法院出版社领导和编辑们的大力支持下，撰写和编著了这部法治中国建设理论与实践探索丛书。丛书共分12卷，包括《法治中国建设导论》《法律规范体系建设研究》《法治实施体系建设研究》《法治监督体系建设研究》《法治保障体系建设研究》《党内法规体系建设研究》《法治中国建设与党政合设合署》《法治中国建设与公私法融合治理》《法治中国建设与制度现代化研究》《法治中国建设与法治化建设研究》《社会主义法治国家建构原理研究》《法治中国建设重点工程研究》。笔者深知，人们对法治的认识和实践难以超出所处时代和地域的局限，同时法律制度不可能过于超前，否则也难以发挥规范作用和理想效能。正因为如此，这套丛书难免打上历史的烙印，难免具有诸多的局限性，尚有诸多的问题留待后人加以解决。不过笔者坚信，只要我们不忘法治建设的初心使命，坚韧不拔地朝着既定目标不断探索、勇毅前行，法治中国建设的夙愿和梦想，就一定能够实现！

江必新

2024年12月

本书绪言

本书从工程学的角度，对法治中国建设进行了建构性的分析和阐释，除了阐述法治中国建设的基本范畴外，还从法治中国建设的基础、具体环节、重点以及动力等角度，主要围绕法治中国建设中依宪执政与宪法实施、法治政府建设与公正司法实现、法治社会建设和社会治理以及法治评估等内容予以论述。

首先，加快推进依宪执政与宪法实施是建设法治中国的首要工程，是加快建设法治中国的前提和保障。这不但要求尊重和维护宪法权威，完善党的领导权制度，构建具有中国特色的社会主义权力制约与监督机制，而且要求在完善与健全宪法实施法律制度、改革人大制度和完善多党合作和政治协商制度的同时，加大人权立法力度，保障宪法顺利实施。党的领导主要是政治、思想和组织的领导，党的政治领导权包括修宪建议权、立法与国策建议权、宪法解释与审查建议权；组织领导权包括政要提名权、执政监督权。要保持党的领导和执政地位，应扩大民主，为领导权的正当性提供资源；依宪治国应处理好领导权与国家权力的关系，完善党内法规体系，以党章和党内基本法规规范领导权。

其次，立法、行政、司法、社会四位一体，全面推进依法治国是加快建设法治中国的基本环节，也是法治中国建设的主体工程。具体来说，全面推进依法治国需要加快推进依宪执政与宪法实施、推动法治政府与公正司法建设、促进社会治理与法治社会建设、建立法治评估指标体系。科学立法、依法行政、司法公正和法治社会是这四个环节的重点任务。就建设路径而言，科学立法主要通过完善立法程序，促进公开立法，规范部门立法、行业立法等来实现；依法行政则不但要加快推进政府机构改革，制定重要法律以规范行政权力，而且需要在行政决策、行政执法和行政纠纷解决上下功夫；司法公正则要求在进一步深化司法体制改革，健全司法权力运行机制的同时，加强司法人员职业保障和实施司法惩戒制度，完善人权司法保障制度；法治社会的建设首先必须推进社会治理的法治化，将加快社会立法进程与鼓励社会依法自治结合起来。此外，利益表达渠道的畅通、纠纷和矛盾化解体系的建构以及全民守法氛围的营造也是法治社会建设的重要内容。

再次，法治社会是法治中国一体建设的重要构成，它与法治国家、法治政府、法治社会等范畴相关但不相同。建设法治社会是法治中国建设的基础工程，是破解法治瓶颈的有效路径，是对人情社会的反思重构和对公共理性的培育与提升，有助于凝聚转型中国的社会共识。法治社会具有法治的融贯性和社会的共治性两大特质。法治社会建设需要以公权力为主导，透过法治社会化实现社会法治化。当前，中国法治建设进入新阶段，以法治社会为重心的一体建设的法治发展观，符合法治的一般成长规律和中国社会的现状。与此同时，当下我国社会运行的矛盾在于社会公共事务的日趋复杂与传统社会管理模式功能局限间的紧张。它决定了社会建设必须从管理向治理转变。社会治理必须透过法治保证治理系统内在协调、稳定主体间互动预期和防范治理陷阱。法治建设要作出针对性回应：立法要高度重视科学制定框架规则和责任体系，行政重心要从程序合法转向实质有效，司法要透过积极回应，抵御“过度民意化”，强化权威。除此以外，法治社会建设应走共治社会之路，同时，从权利义务的一致性这一基本依据出发，构建以权利义务为经纬的社会秩序，规范各类社会主体的行为，以形成良好的、稳定的社会秩序。当然，还必须合理处理秩序价值与创新活力之间的适度张力。除此以外，法治社会建设必须实现治理方式的转型，并与信息化社会相匹配，最终要获得社会整体的规则认同。

最后，法治评估是加快建设法治中国的动力机制，也是法治中国建设的质量验收。国家治理商数是以商数形式衡量国家治理水平的数量指标，其数值是国家治理体系、国家治理能力与国家治理成本的比值，其性质为量化治理、循“数”治国思想和技术的“合金”，其先进性在于其内核为逻辑和运算所打造，其科学性为大数据和云计算等技术平台所保障。国家治理商数能有效克服国家治理评估的先天缺陷。创制国家治理商数，是从经验式、试验式国家治理向量化科学治理转变的技术性支撑和基础性工程，其理论和实用价值在推进国家治理体系和治理能力现代化这一进程中尤为重要。国家治理商数可应用于以下领域：对国家治理现代化进程实现量化管理；作为判定我国在本世纪中叶全面实现国家治理体系和治理能力现代化的“衡量标尺”和“核心标志”；编制各国治商报告以掌握治理领域的国际话语权；编制国内各地治商报告以促推治理水平的精进。

据此，本书共分为五章，具体来说：

第一章是加快建设法治中国的基本框架研究。本章对法治中国的基本内涵、法治中国建设的基本架构与内容、法治中国建设的关键环节与重点环节进行了阐述。

第二章是有关法治中国建设的首要工程研究。本章在明确依宪执政的基础性共识和根本保证的基础上，阐述了宪法实施的基本内涵和要求，指出了推进依宪执政与宪法实施的基本路径。

第三章是有关法治中国建设的主体工程研究。本章首先论述了全面深化改革背景下，加快法治政府建设的具体要求和建议，其次围绕公正司法这一深化司法改革的主题，就公正司法的实现机制进行了全面论述。

第四章是有关法治中国建设的基础工程研究。本章在明确法治社会的基本内涵和重要意义后，就法治社会建设的基本特性、方略和举措进行了论述，除此以外，本章还对作为法治社会建设核心内容的社会治理问题进行了阐述。

第五章是有关法治中国建设的验收标准即国家治理商数的研究。法治评估是加快建设法治中国的动力机制，本章提出了国家治理商数理论，并就其含义、价值、公式以及公式中变量和权重系数的取值等进行了论述，这为客观评价我国法治水平和国家治理现代化水平提供了参考依据。

目录

Contents

◉ 第一章 ◉

法治中国建设的基本框架
——基本概念与基本内容

第一节　法治中国的界定

法治中国建设是法治一般理论与中国法治实践相结合的过程。法治中国建设至少需要解决以下三个问题：一是“是什么”，即法治中国内涵的问题；二是“为什么”，即为什么要选择法治的问题；三是“怎么做”，即怎样建设法治中国的问题。三者紧密联系：第一个问题的解决为第二个问题提供了解决的方案，而第一个、第二个问题的回答又为更深入地探讨第三个问题提供了基本思路。有鉴于此，法治中国的基本框架研究也应当着眼于以上几大关键问题。

一、法治中国的内涵

法治中国的提出经历了一系列的演变过程。[①] 与以法治国、依法治国不同，法治中国具有新内涵。对于法治中国的内涵，可以概括为三句话：法治中国是人类法治文明的继承版，法治中国是法治国家建设的中国版，法治中国是中国法治建设的升级版。[②]

第一，法治中国是人类法治文明的继承版。[③] 法治中国建设建立在借鉴、吸收国内外优秀的法治精华的基础之上，是对全人类法治文明的扬弃与继承。[④] 国内外优秀的法治文明传统数不胜数，其中最为核心的内容在于亚里士多德所提出的法治之二重含义，即“法律权威”和“良法之治”。“法律权威”，顾名思义，即国家治理要树立法律的权威性、强制性乃至不可违背性，需要的是人民的服从；而“良法之治”则要求国家治理所依据的法律是善良之法，是能够实现公平正义的法律。就“树立法律权威”来说，法治中国建设要求法律具有崇高的地位。法治之核心内容在于治理所依据的法律。法律是国家治理的手段与工具，但工具的使用离不开主体的主观能动性。作为“规范之治”的法治正好将法律与主体的主观能动性相结合，并将其上升为

① 从改革开放以后重提“社会主义法制”建设，到党的十五大提出“依法治国”，再到后来的“依法行政”“法治政府”等，我国的法治建设在不断取得新成就。党的十八大报告强调，依法治国是党领导人民治理国家的基本方略，法治是治国理政的基本方式，要更加注重发挥法治在国家治理和社会治理中的重要作用，全面推进依法治国，加快建设社会主义法治国家。实现这个目标要求，必须全面贯彻实施宪法。党的十八大将“法治”提到了一个空前的高度，赋予了十分重要的地位。党的十八大之后，习近平总书记就做好新形势下政法工作作出重要指示，提出“法治中国”概念。中央政法委据此明确提出了“法治中国”建设任务。党的二十大报告第七部分提出：“坚持全面依法治国，推进法治中国建设。”习近平总书记指出：“我们要坚持走中国特色社会主义法治道路，建设中国特色社会主义法治体系、建设社会主义法治国家，围绕保障和促进社会公平正义，坚持依法治国、依法执政、依法行政共同推进，坚持法治国家、法治政府、法治社会一体建设，全面推进科学立法、严格执法、公正司法、全民守法，全面推进国家各方面工作法治化。”

② 参见江必新、彭萍萍：《热话题与冷思考——关于加快建设法治中国的对话》，载《当代世界与社会主义》2014 年第 5 期。

③ 参见江必新、彭萍萍：《热话题与冷思考——关于加快建设法治中国的对话》，载《当代世界与社会主义》2014 年第 5 期。

④ 党的十八大报告提出要“积极借鉴人类政治文明有益成果”，建设法治中国，也应当批判继承古今中外一切优秀法治文明资源。

“良法之治”，进而成为一种国家治理的外在形式。就“良法之治”而言，法治中国建设需要借鉴的法治文明成果之核心在于体现人民之根本利益，反映最普遍的正义需求。除此以外，法治中国建设需要适应社会现代化发展的基本趋势，体现当前时代发展的需求。在此层面上，社会的现代化发展要求法治国家建设在扬弃以法治国、依法治国等命题的基础上衍生出新的适应现代化要求的内容。① 传统的以法治国、依法治国命题有重“法之统治”而轻“良法之治”的嫌疑，法治国家命题则倾向于法治的“普遍性”而忽略了法治的“个性”。法治中国命题承继以法治国、依法治国、法治国家等命题之优势，再赋予其以浓烈的国别性和地域性色彩。

第二，法治中国是法治国家建设的中国版。② 法治中国建设是普遍性与特殊性法治理论与实践相结合的过程。在普遍性要求层面，法治内涵有“依法治之”“以法为治”之意。法律从诞生以来就被视为一种统治国家或者治理国家的手段与工具，但“法治”并不仅仅是手段和工具，还可以是一种制度，是一种目的。因而，当法治适用于不同的国别与地域之时，其又会体现出不同的国别性与地域性色彩。这是因为在不同的法律文化背景下，每个国家因其遵循的理念不同或者侧重不同，其在制度构建上也会作出不同的安排。例如，英国的法治国家建设建立在英国法学家戴雪的“法治”理论基础之上，因而在制度构建上遵循议会至上、越权无效、正当程序、司法审查等基本原则；而美国的权力配置属于典型的“三权分立”模式，立法权、行政权与司法权相互独立又相互制衡。不难发现，正是根植于国家法治土壤中的理念不同，国家在制度建设方面也会作出不同的安排。毫无疑问，法治中国建设必然有自己的特色。可以说，法治中国就是根据中国自身的国情与民情，建立在国内外优秀的法治传统基础之上而得以形成的法治建设道路。简而言之，

---

① 毫无疑问，法治中国要坚持良法善治。就良法善治而言，中国需要借鉴的法治文明成果主要有以下几点：建立社会主义法律体系；法律要反映人民的根本利益，体现人民的意志；强调民主立法；强调科学立法；法律要与时俱进，及时修订完善；要完善社会主义法律体系，加强重点领域立法，拓展人民有序参与立法的途径；要完善立法规划，突出立法重点，坚持立、改、废并举，提高立法科学化、民主化水平，提高法律的针对性、及时性、系统性。

② 参见江必新、彭萍萍：《热话题与冷思考——关于加快建设法治中国的对话》，载《当代世界与社会主义》2014 年第 5 期。

法治中国就是法治国家建设的中国版，是中国特色的法治建设道路。①

第三，法治中国是中国法治建设的升级版。②尽管法治中国建设是建立在对传统法治文明的扬弃的基础之上，但并不否认法治中国是对传统法治国家建设的创造性发展。法治中国建设需要升级，需要不断演变，以适应社会的变迁与历史的发展趋势。历史上，中国的法治建设经历了从“以法治国”到“依法治国”再到“法治国家”的变迁。③每一次变迁均是对前一阶段法治建设经验的总结，是对整个法治中国建设予以创造性重构的过程。

二、法治中国的特征

历史上曾经出现的自由主义法治④极大地促进了人类历史文明的进步，但这种自由主义法治仍然属于形式法治。然而，法治中国建设不仅仅停留在形式法治的基础之上，更是对实质法治提出了更高的要求。在我国当下，法治国家应当是多维度的结合，它既应当是一种“规范之治”，蕴含“宪法和法律至上、有限政府、权力分离”等基本原则在内的治理体系，又应当是一种

① 参见江必新、彭萍萍：《热话题与冷思考——关于加快建设法治中国的对话》，载《当代世界与社会主义》2014年第5期。

② 参见江必新、彭萍萍：《热话题与冷思考——关于加快建设法治中国的对话》，载《当代世界与社会主义》2014年第5期。当然，我们所讲的中国特色，是从中国的传统、国情和文明样式出发的，是实际要求的特色，而不是为特色而特色。中国特色法治建设既遵循法治建设的普遍规律和基本要求，同时又有自己的特殊任务和体现形式。总体而言，法治中国具有以下几个特色：任务导向，以服务强国建设和民族复兴任务为导向；问题导向，以解决转型中国亟待解决的中国问题为导向；条件导向，从中国现实国情出发；历史文化导向，受中国历史传统和文明样式影响。具体而言，法治中国有以下六大特色：法治中国建设是强国建设、民族复兴的组成部分；法治中国强调依据宪法治国理政、依据党章全面从严治党，党在宪法之下活动；坚持走中国特色社会主义政治发展道路；坚持党的领导、人民当家作主与依法治国的有机统一；坚持改进党的领导方式和执政方式；坚持党领导立法、保证执法、支持司法、带头守法。

③ 法治的根本在于调整法和国家政权的关系。法和国家政权的关系可以划分为三种类型：一是以法治国，把法律作为治理国家的工具。二是依法治国，法在上，权在下，所有的人（包括所有公权力机关的公职人员和普通国民）都要服从法律规定。三是法治国家，良法善治。法治中国，就是中国法治建设从“依法治国”到“法治国家”的升级版。具体体现在以下五个方面：从治理目的看，坚持人民主体地位、以人为本；从治理主体看，明确政党、政府和人民均为治理和受治主体；从治理原则看，强调实质平等、实质正义；从治理依据看，强调良法善治；从治理依托看，强调依法治国和以德治国相结合。

④ 自由主义法治以权力分立、权力与权利分离、民主宪政为基本内涵。

“良法之治”，追求制定良好的法律，追求形式法治与实质法治的完美结合。因而，法治中国具有自身的特征：

第一，法治中国的基本定位在于为全面建设社会主义现代化国家（实现中国梦）提供服务和保障。法治的本质与功能是两大法系的恒久命题，大致而言存在着工具主义与目的主义之争。工具主义强调在社会系统中，法律只是实现一定社会目标的工具和手段，是维护阶级、经济、国家、政策及道德的工具。[①] 相较而言，目的主义强调“法治就是法律至上的统治（rule of law，而非 rule by law），它在精神上意味着将法视为目的，而决不仅仅是手段”，[②]“在法治中的法律不再仅是机械的律条，而是充满生命活力的精灵，是一种流动的过程，有机的构架和法律化的现实。法在人们的心目中至上至尊，人们在法里充满自由和秩序”。[③] 由此，目的主义与工具主义被视为一种非此即彼的对立状态，似乎强调法律的工具性就会沦为“人治”模式，而强调法律的目的性就可以提升法治的权威与地位。但目的与工具本是相对的概念，从来没有不为任何目的服务的工具，也没有不借助于一定手段实现的目的。法治不能只作为一种手段和工具，否则容易沦为纯粹的工具主义立场，即以法行政、以法治国等封建主义与专制主义也可以接受的观念。与此同时，将法治本身提升到目的本位也不太合适，马克思主张人的“任何一种解放都是把人的世界和人的关系还给人自己”[④]，法治作为人创造的文明成果，也是要服务于人的目的。尽管对于何为人的目的认识不一，但从根本上讲，人的目的就是追求自身美好的生活，法治只是人类追求美好生活的最基本条件，这样即足以将法治提升到重要位置。[⑤] 就我国而言，党的十八大强调，依法治国是党领导人民治理国家的基本方略，法治是治国理政的基本方式，很显然侧重的是法治的工具理性；但同时也未将其降至纯粹工具主义的立场，“依法治

① 参见谢晖：《法律工具主义评析》，载《中国法学》1994 年第 1 期。

② 参见法治建设研究课题组：《法治建设论纲（上）》，载《湘潭大学学报（哲学社会科学版）》1997 年第 5 期。

③ 参见卓泽渊：《法治泛论》，法律出版社 2001 年版，第 65 页。

④ 参见《马克思恩格斯全集》第 1 卷，人民出版社 1956 年版，第 443 页。

⑤ 还有一种较为中立的观点认为，法治是一种生活方式，以为这样就可以把法治地位强调得更高。但是，生活方式是多种多样的，并且有积极和消极之分，强调生活方式未必就能提高法治地位。

国”的目标是“建设社会主义法治国家”，“法治中国”的提出更是勾勒了法治建设的理想图景与目标。因而，中国特色社会主义法治道路本质上是目的性价值与工具性价值的统一[①]。但无论是依法治国、法治国家还是法治中国，其终极目的仍是服务于全民的共同愿望与共同利益，“中国梦”则是这个共同愿望和共同利益的高度凝练。“实现中华民族伟大复兴，就是中华民族近代以来最伟大的梦想。这个梦想，凝聚了几代中国人的夙愿，体现了中华民族和中国人民的整体利益，是每一个中华儿女的共同期盼。”[②]

第二，法治中国建设的基本架构建立在“三个统一”[③]的基础之上。我们党在处理党的领导、人民当家作主与依法治国三者间的关系方面经历了一个不断实践、不断探索、不断深化、不断提升的漫长过程。在毛泽东、邓小平等领导人民主法制建设思想的基础上，我党通过一系列的重大会议报告不断深入论述了三者之间的关系。[④]这些论述，实际上揭示了我国法治道路所蕴含的核心理念与基础框架，即“三统一”[⑤]。其中，人民当家作主是中国特色社会主义民主政治的本质特征，依法治国是核心内容，党的领导是政治保障。[⑥]如

① 依法治国是基本方略，法治国家是战略目标，与中国特色社会主义道路相结合，构成了法治中国的奋斗愿景。

② 习近平：《实现中华民族伟大复兴是中华民族近代以来最伟大的梦想》，载《人民日报》2012年11月30日第1版。实现中国梦，必须走中国道路、弘扬中国精神、凝聚中国力量，而中国特色社会主义法治道路，正是中国道路不可分割的组成部分，也是实现中国梦的重要途径。因而，为实现社会主义现代化与中华民族伟大复兴的总任务提供服务与保障，就构成了中国特色社会主义法治道路的基本追求。

③ 即党的领导、人民当家作主与依法治国有机统一，实现依宪治国、依宪执政。

④ 党的十五大报告上指出“把坚持党的领导、发扬人民民主和严格依法办事统一起来”；党的十六大明确提出“发展社会主义民主政治，最根本的是要把坚持党的领导、人民当家作主和依法治国有机统一起来”；党的十八大进一步强调，“必须坚持党的领导、人民当家作主、依法治国有机统一，以保证人民当家作主为根本，以增强党和国家活力、调动人民积极性为目标，扩大社会主义民主，加快建设社会主义法治国家，发展社会主义政治文明”；党的二十大报告第六部分强调，“必须坚定不移走中国特色社会主义政治发展道路，坚持党的领导、人民当家作主、依法治国有机统一，坚持人民主体地位，充分体现人民意志、保障人民权益、激发人民创造活力”。

⑤ 中国特色社会主义法治道路的核心观念和基本架构，即党的领导、人民当家作主和依法治国“三统一”。

⑥ 尽管西方国家也有政党，但与社会主义国家党的领导有着本质区别。在西方多党制国家中，每个政党都有其自身利益、主张、观点，也有特定的代表群体，如讲某个“党的领导”，实际上是将部分利益凌驾于整体利益之上，从根本上有违民主的要求；而我国党的领导是多党合作下执政党的领导，“三个代表”的要求在很大程度上能充分吸纳民意，从而使党的领导能够代表全体国民的意志，使得人民当家作主和依法治国在党的领导下统一起来。

何做到“三统一”是关键。其中要实现三者的有机统一，核心是厘清党对国家的领导方式问题。对此，习近平同志有精辟的论述：“坚持党的领导，更加注重改进党的领导方式和执政方式。”“善于使党的主张通过法定程序成为国家意志，善于使党组织推荐的人选成为国家政权机关的领导人员，善于通过国家政权机关实施党对国家和社会的领导。”[①]这“三个善于”，为改进党的领导方式和执政方式指明了方向。首先，必须正确认识和处理党政关系问题。[②]完全的党政合一或者党政分开都是不可取的：如果党政分开，党脱离了国家政权，便不能领导国家政权，党要有权执政就必须进入国家政权机关，进入国家政权机关就需要融合；但在法治国家背景下，行政机关要依法行政，司法机关要依法独立行使审判权，就不能实行党政不分。由此，党的领导方式和执政方式的改变，事实上就是党如何充分利用权力机关，即全国人民代表大会这个平台，实现对国家政权的领导，对权力机关而言，党和“政”应当高度融合；但对于行政机关和司法机关来说，党和“政”又要相对分开。其次，必须正确认识和处理执政党与宪法和法律的关系问题。“依法治国首先是依宪治国，依法执政关键是依宪执政”，“党领导人民制定宪法和法律，党领导人民执行宪法和法律，党自身必须在宪法和法律范围内活动。”[③]由此，依宪治国、依宪执政，即党按照宪法规定的权力运行模式，利用宪法赋予权力机关的立法权、重大事项决定权、人事任免权以及监督权等四种权力，实现对行政机关和司法机关的领导。这不仅具有中国特色，也与现代民主政治运作规律相一致，从而真正实现了“三统一”。

第三，法治中国要确保人民主体地位，尊重和保障人权，切实保障公民享有权利和履行义务。改革开放以来，法治建设不断推进，法律从被当成治国工具到被当成治国理政的基本方式。但实践中不少地方往往忽视人民在法治建设中的主体地位，尤其是在行政权力行使的过程中，人民群众往往被当作治理的对象或客体，导致法律无法为人民群众所尊崇，并引发诸多社会矛

---

① 习近平：《在首都各界纪念现行宪法公布施行 30 周年大会上的讲话》，载《人民日报》2012 年 12 月 5 日第 1 版。

② 此处的“政”是广义的，即国家政权机关，包括立法机关、司法机关、行政机关。

③ 习近平：《在首都各界纪念现行宪法公布施行 30 周年大会上的讲话》，载《人民日报》2012 年 12 月 5 日第 1 版。

盾。因而，需要确立人民群众在法治建设中的主体地位，变“治民”为“民治”。对此，江泽民同志在党的十五大报告中有着经典表述：“依法治国，就是广大人民群众在党的领导下，依照宪法和法律规定，通过各种途径和形式管理国家事务，管理经济文化事业，管理社会事务，保证国家各项工作都依法进行，逐步实现社会主义民主的制度化、法律化，使这种制度和法律不因领导人的改变而改变，不因领导人看法和注意力的改变而改变。”① 党的十八大报告则首次在正式的党的文件中提出人民主体地位的概念。② 党的十九大报告进一步指出，“新时代中国特色社会主义思想，必须坚持以人民为中心的发展思想”，“使人民获得感、幸福感、安全感更加充实、更有保障、更可持续”。党的二十大报告则将法治建设单独作为一个部分进行专章论述，习近平总书记对全面依法治国作出了新部署，指出了全面依法治国的重大意义：“全面依法治国是国家治理的一场深刻革命，关系党执政兴国，关系人民幸福安康，关系党和国家长治久安。”③ 可以说，坚持以人民为中心成为新时代中国特色社会主义的重要内容。要坚持以人民为中心，确保人民主体地位，就必须尊重和保障人权，切实保障公民享有权利和履行义务。首先，法治从其本初意义来说，是基于人民共同意志形成的法律来治理国家，“法律应当成为人民意志的自觉表现，也就是说，它应该同人民的意志一起产生并由人民的意志所创立”。④ 社会主义法治吸收了资本主义法治理论及实践中民主性与合理性的精华，同时又克服了资本主义法治的阶级局限性，反映了最广大人民的利益，是阶级性与人民性的统一，并因此获得了最广泛的正当性。其次，作为人民主体地位的表征，法治必须以人为本，切实维护人民群众合法权益，尊重和保障人权。法治“并不仅仅表现为法律数量上的增加和法律功能的扩展，不仅仅体现在对法律权威的崇尚，最根本的变化首先是法律价值的转变和创新，

---

① 参见江泽民：《高举邓小平理论伟大旗帜，把建设有中国特色社会主义事业全面推向二十一世纪——在中国共产党第十五次全国代表大会上的报告》，载《人民日报》1997 年 9 月 12 日。

② 党的十八大报告指出：“必须坚持人民主体地位，中国特色社会主义是亿万人民自己的事业，要发挥人民主人翁精神，坚持依法治国这个党领导人民治理国家的基本方略，最广泛地动员和组织人民依法管理国家事务和社会事务、管理经济和文化事业、积极投身社会主义现代化建设，更好保障人民权益，更好保证人民当家作主。”

③《中国共产党第二十次全国代表大会文件汇编》，人民出版社 2022 年版，第 33 页。

④ 参见《马克思恩格斯全集》第 1 卷，人民出版社 1956 年版，第 184 页。

是法律对人的主体性和人权的尊重和保障，是法治为满足人的全面需求和促进人的全面发展提供制度基础和法律保障。这是国家性质（一切权力属于人民）、党的执政理念（执政为民）的具体体现，也是法律的社会主义性质的具体体现”。[①] 人民群众权利的享有为其主体地位的确立提供了保障，而我国宪法是确保人民享有广泛权利的法律保障。因而，宪法的实施目的必然包含保障公民基本权利的基本内容。在实践层面上，全面贯彻实施宪法，就是要保障公民的人身权、财产权、基本政治权利等各项权利不受侵犯，保证公民的经济、文化、社会等各方面权利得到落实，努力维护最广大人民群众根本利益，保障人民群众对美好生活的向往和追求。在理念层面上，就是国家一切权力属于人民的宪法理念必须落到实处，最广泛地动员和组织人民依照宪法和法律规定，通过各级人民代表大会行使国家权力，通过各种途径和形式管理国家和社会事务、管理经济和文化事业。在行政服务层面，政府应积极改进其公共服务方式，建设基层社会管理和服务体系，不断提升城乡社区服务的基本功能，优化企事业单位、人民团体在社会管理和服务中的职责。在处理群众关系层面，政府要认真对待群众的诉求，要公平公正地处理群众利益关系，不能让不公正的处理伤害人民群众感情、损害人民群众权益。

第四，社会主义法治文化是法治中国建设的精神支柱。法治文化是一个国家或地区对于法律生活所持有的以价值观为核心的思维方式和行为方式，包括人们的法治意识、法治观念、法治思想、法律价值取向等。[②] 党的十九大报告提出要“建设社会主义法治文化”。在正式制度快步推进、制度文本加紧制定的同时，法治理念、法治精神、法治意识和法治思维等法治文化的相继构建并持续推广，不仅能够树立法治的理想、信念和价值，亦能增强社会成员对法治的主观认同与信赖，因而构成了中国特色社会主义法治道路的观念基础和精神支柱，对社会主义法治道路的形成具有特殊的指导和引领意义，是社会主义法治道路的核心与精髓，亦是中国特色社会主义制度系统的重要组成部分。长期以来，受极“左”思潮影响，有些人往往把一些获得普遍认

① 参见石泰峰：《加快法治建设的路径》，载《瞭望》2010 年第 1 期。

② 习近平：《弘扬法治文化，建设“法治浙江”——写在“五五”普法启动之际》，载《浙江政报》2006 年第 23 期。

同的基本价值视为资本主义的产物，认为社会主义法治必须另起炉灶方显特色。但事实上，人类社会发展有其共性和特殊性，人本身就是共性与特殊性的统一，如果没有共性，就成为人之外的东西。就价值而言，也有普遍和特殊之分，特殊价值是源于所要解决的特殊问题，解决了特殊问题，自然就形成了特色。

事实上，中国特色社会主义法治道路是对我国已有经验的概括和总结，因而本身就是一种特色，但这并不排斥把人类的共同财富、文明成果作为我国法治建设的精神营养。一方面，人类所共享的“民主”“和谐”“自由”“平等”“公正”“法治”“诚信”等理念承载着基本的道德人文价值，从而构成了法治得以被信仰的基本条件。社会主义核心价值体系纳入这些基本理念，既能丰富社会主义核心价值体系的内容而促使其更具影响力与感召力，又能便于社会主义的价值体系与其他价值体系形成一定的共性和兼容性，达致沟通交流乃至和平共处之目的。因而，蕴含以上基本理念的法治才能得以在中国找到其生长发芽的土壤，才能在该种法律土壤中贯彻实施，才能让作为“规则之治”的法治得以实现，才能为法治中国建设创设基本条件。由此可见，要实现法治中国建设的目标，就必须弘扬社会主义法治精神，树立社会主义法治理念，增强全社会尊法学法守法用法意识，努力培育社会主义法治文化。

第五，法治中国的提出标志着中国进行了从形式法治到实质法治的目标选择，“公平正义”成为法治中国的首要价值目标。党的十八大报告提出的“三个公平”[①]中，规则公平处于基础的位置，它强调的是法的规范价值，意味着实现规则制定与形式上的平等；权利公平与机会公平分别是生存权与发展权意义上的公平，各自指向实体与程序机制，属于实质法治的范畴。权利公平与机会公平是公平正义的内核，规则公平是公平正义的载体，“三个公平”构成了公平正义的完整内涵。法治中国不仅指向立法层面的公平正义，同时还要求在法律适用上也达到实质的公平正义。由于法律适用上的公平正义需要通过个案实现，这就要求司法机关从个案着手，努力让人民群众在每

---

① “公平正义是中国特色社会主义的内在要求”，要求“逐步建立以权利公平、机会公平、规则公平为主要内容的社会公平保障体系，努力营造公平的社会环境，保证人民平等参与、平等发展权利”。

一个司法案件中感受到公平正义。而公正司法之核心在于司法中立。司法中立意味着不偏不倚地行使司法权力，意味着不受其他权力之干扰。因而，司法中立有利于司法审判结果获得当事人的认同和接受；与此同时，司法中立还意味着司法机关能够依法独立行使职权并且具有足够的能力抵抗任何干扰。这也就决定了我国推进司法体制改革与制度完善，必须不断提升司法工作人员的综合素质。同时借由设立正当程序，赋予公民以程序权利，使得司法过程符合科学、有效的司法规律。除此以外，司法中立还要求有有效而理性的层级监督和外部监督来确保司法审判过程中认定事实客观、法律适用正确。

三、法治中国与相关概念的比较

法治是一种源远流长的历史政治法律实践，并一直被视作维护国家长治久安最为重要的手段之一。然而，法治的内涵却远不止于此：作为“规范之治”，法治强调法律在调整社会关系方面的权威性，如宪法与法律至上；作为“法之统治”，法治注重严格依法办事，依法行政；作为“良法之治”，法治内含公平正义之价值目标；作为“程序之治”，法治强调程序的正当性；法治亦蕴含在日常生活中并上升为法治观念思维、法治理念与法律信仰。与“以法治国、依法治国”相比，法治中国又增添了新的内涵。[①]

第一，法治中国更加重视法律对社会秩序的调整作用。与“依法治国”相比，法治中国既是一种对法治方式的坚持，又是一种对法治方式的超越。这是因为传统的中国法治文化中“人治观念”根深蒂固。尽管法治已经逐渐融入人民的日常生活之中，但人们仍然很容易受到这种传统治理思维的束缚。要摆脱这种思维的束缚，一方面要逐渐使得法治理念深入人心，让全社会遵守法律；另一方面也要不断强化法治方式在人民社会生活中的重要地位。法律是一种特殊的社会调节方式。与道德规范、宗教规范不同，法律是由国家制定或认可并由国家强制力得以保障，以命令、禁止、许可等明确的规范形

---

① 参见江必新、彭萍萍：《热话题与冷思考——关于加快建设法治中国的对话》，载《当代世界与社会主义》2014 年第 5 期。

式对特定的社会关系进行调整。在此基础之上，法律获得了权威性与执行力，以法律规范作为治国理政的重要手段，用法律规范来调整社会关系，进而形成稳定的社会秩序。法治已经成为古今中外法治观念与法治实践的基本内容。法律自诞生以来就已经逐步发展成为治国的“利器”，除了在被用作治理国家时具有强制性、客观性、可预测性与安定性等特征之外，法律基本上可以与任何社会政治体相融合，或者说，任何社会政治体要实现治理的目标都离不开法律。作为“规范之治”的法治还具有第二重含义，即在治理国家时最大限度地信奉法律的权威与法律的作用。“合法性”是判断社会关系主体行为的基本准则。其中，规范之治尤为强调政府的公权力行使必须受到法律的限制，任何政府的行为必须能够经受得住合法性的检验。由此而衍生出来的“宪法和法律至上”“有限政府”“权力分离”等原则进一步完善了法治体系。

第二，法治中国既追求形式正义，又追求实质正义。公平正义是人类始终追求的美好价值目标，但正义有形式正义与实质正义的区分。在法律的价值体系之中，正义包含公平、公正、平等、秩序等多重价值内涵。博登海默认为：“公平正义就是在国家和社会生活中给每个人其所应得的原理原则。”[①]从根本上来说，公平正义就是要确保每个人均各得其所。传统的法治理念，尤其是资本主义自由法治理念强调更多的是一种形式上的正义，而忽略了对实质正义价值目标的追求，忽略了人民在现实生活中的正义需求。法治中国兼容了形式正义与实质正义的价值要求，以人民的基本要求为出发点与归宿点，强调实现人民现实生活中所需求的机会平等、社会福祉享有平等。要实现这一目标就会涉及多方利益需求的整合，利益整合的过程中也需要遵循公平正义的原则。在利益整合的过程之中，各方利益主体均需为实现利益的均衡作出让步，需要有客观公正的规则确保秩序的稳定，需要有中立的第三方来监督利益整合过程。由此而衍生出的民主集中、有限政府等原则成为法治国家的基本要义。可以说，正义是关于法的价值目标的一种整体概括的表述，自由、民主、平等、秩序与效率等是对正义的具体考量维度或因素。作为

① ［美］E. 博登海默：《法理学——法律哲学与法律方法》，邓正来译，中国政法大学出版社1999年版，第264页。

“良法之治”的法治要求法律是制定良好的法律，是能够体现公平正义等核心价值的法律。民主、自由、秩序、分权、有限政府等因素则是法治的基本要求。从这个层面来看，法治不仅实现了利益的均衡与持续的发展目标，还实现了蕴含在国家治理过程中的民主、自由、平等、秩序等价值目标。

第三，在明确人民与政府均为法治治理和受治的主体基础之上，法治中国更加强调政府也要受到法治的约束。首先，法治是针对包括政府与人民在内的所有主体的，是具有权威性的治理方式。这是一种法律至上原则的体现。确立法律至上原则是因为法律具有其他治理方式所不能比拟的优势。法律具有规范性的特征，可以扩大人民对自己行为的可预见性以及人民自由选择的范围。人民只有在法律的制约下才能享受真正的自由，其自由才能得到保障：一方面人民在法律的制约下进行自由的理性选择；另一方面制约人民的法律是制定得良好的法律，能保障人民进行自由理性选择的权利得以实现；法律具有可持续性特点，人民以相对稳定的法律规范作为参考，以此来预见自身行为的后果。但值得注意的是，法律并不是完美无缺的，也不是万能钥匙。历史上曾经出现过“法律万能”和“法律虚无”两种极端的思想，这是因为未能理性地对待法律。法律具有缺陷性和局限性，需要法律适用主体辩证地对待。正如功利主义法学派代表人物边沁所指出的那样，“理解法律，特别是要理解法律的缺陷”。因而，在强调法律至上的同时，法治过程中仍然需要注意理性地对待法律。其次，法治中国建设还强调人民是法治主体。在传统的理念影响下，人民往往被视为法治的对象。法治中国建立在人民当家作主的政治体制之上，更加突出的是人民的法治主体地位。法治中国建设强调政府和人民都是治理的主体，也是被治理的客体，所有的主体均受法律的约束规制，同时均参与治理。[①]“依法治国，就是广大人民群众在党的领导下，依照宪法和法律规定，通过各种途径和形式管理国家事务、管理经济文化事业、管理社会事务，保证国家各项工作都依法进行……”人民充分运用自己的法治主体地位，参与法律制定，从而最终实现了人民当家作主这一基本目标。

① 参见江必新、彭萍萍：《热话题与冷思考——关于加快建设法治中国的对话》，载《当代世界与社会主义》2014年第5期。

第四，法治中国更加突出“良法善治”。在逻辑上，法治的首要任务是有法可依和依法办事，其次才是确定法律的合理性与正当性问题。“良法之治”强调的就是法律的质量问题，即所谓之“本身良善之法”。“良法之治”中的良法如何判断，在很长一段时间内人们判断的标准集中在法律本身的形式构造上。法律规范经由一系列的立法活动借助立法技术而逐渐完善成为法律部门，进而构建成为系统的法律体系。在此过程之中，法律规范的形式构造就会强调体系的完整性、结构的严密性、内部的协调性与外部的统一性等形式上的标准。然而，除了静态意义上的法律规范符合形式标准之外，动态意义上的法律运行机制也要严格遵循特定的规则，建立包括立法、执法、司法、守法等逻辑严密的法律运行机制。长期以来，人们认为符合以上形式标准的法律就是制定得良好的法律。然而，法律品质的好坏除了从立法技术、执法水平以及司法程度等形式标准来判断之外，还应当结合法律适用的基本环境以及社会经济发展与国家治理的实际需求来判断。法律毕竟离不开社会环境这一基本的土壤，需要得到人民的普遍遵从。法律除了具有强制力之外，还需要符合人们对公平正义等价值目标的追求。这种法治形态更加注重契合实质正义等价值追求，其特征就在于：不仅强调以法治国，还强调公平正义；不仅强调形式平等，还强调实际平等；不仅强调程序正义，还强调实质正义。①

第二节　法治中国建设的基本架构和内容

一个国家选择法治作为国家治理的基本方式，意味着整个国家的社会制度安排将会奉行法治的基本原则。法治从一种理论上的观念制度转化成为现

① 良法追求的善治应表现为：国家权力的表现方式应当多元化、人性化，具有回应性：不仅考虑是否能够实现特定目的，而且考虑与人性尊严是否冲突；不仅考虑效率和质量，而且考虑是否为当事人所接受。既要保护自由、民主、人权等基础性价值，又要保护秩序、安全、发展、稳定、和谐等社会性价值。

实的政治安排，意味着整个国家的社会生活活动以及政治活动都将纳入法治的轨道。作为一种现代意义上的国家治理模式，法治国家是指国家依靠正义之法来治理国家和管理社会，从而使权利和权力得到合理配置的社会状态，法治理念得以实现，良好的法秩序得以形成。[①] 在我国当下，法治国家应当是多维度的结合，它既应当是一种“规范之治”，蕴含“宪法和法律至上、有限政府、权力分离”等基本原则在内的治理体系，又应当是一种“良法之治”，追求制定得良好的法律，追求形式正义与实质正义的完美结合，更应当是科学立法、严格执法、公正司法和法治社会的切实运行。

一、法治中国建设的基本架构

中国特色社会主义法治突破国家、社会二元对立和形式法治的樊篱，在法治目的、主体和依据方面形成新的规定，这是中国法治实践的结果，也是法治本身发展的趋势。中国特色社会主义法治表现在法治生活的方方面面，是一个错综复杂、有机联系的整体。从基本架构看，法治中国建设以其基本目标和重大战略为纲，具体内容统领于党的领导、人民当家作主和依法治国之中。

第一，法治中国的基本目标在于实现全民之共同利益。任何国家的法治建设均具有其目的性，而其中最为核心的部分就是要实现人民所最终追求的根本利益。中国法治建设也应当符合这种目的性要求，坚持以人为本，遵循人类社会发展的基本规律，从而实现整个社会之共同利益追求目标。当前中国法治国家建设也应当以实现社会主义现代化，实现中华民族的伟大复兴为基本目标，因为这既是全民的共同愿望，也是全民的共同利益之所在。[②]

第二，法治中国建设的政治保证在于坚持党的领导。确立中国共产党的领导地位，是法治中国区别于资本主义法治的重要方面。党的领导地位之确立是建立在其代表人民的基础之上的，只有真正执政为民的政党才能真正实

① 参见朱景文：《法理学》，中国人民大学出版社 2009 年版，第 130 页。

② 参见江必新、彭萍萍：《热话题与冷思考——关于加快建设法治中国的对话》，载《当代世界与社会主义》2014 年第 5 期。

现人民的利益，也只有将领导权掌握在执政为民的政党手中才能确保人民的共同利益得以最终落实。一方面，党立足于人民利益，将人民所反映、所需求之正当利益转化为法律权利，通过公权力机关履行法定职责将法律权利转变为现实的利益。这一过程正是党保障人民享有权利与自由的一个基本路径。另一方面，党应当为公民权利的行使提供必要的物质资源和职责义务支撑，同时，要防止公权力侵害人民的权利和自由。权利的法定化也为人民借由法律程序以及相关的救济机制获得权利救济提供了法律支撑。①

第三，法治中国建设的本质特征是人民当家作主。② 首先，法治追根溯源是符合最广大人民意志与利益的治国理政方式，"法律应当成为人民意志的自觉表现，也就是说，它应该同人民的意志一起产生并由人民的意志所创立"③。社会主义法治吸收了资本主义法治理论与实践中民主性与合理性的精华，同时又克服了资本主义法治的阶级局限性，反映了最广大人民的利益，是阶级性与人民性的统一，并因此获得了最广泛的正当性。其次，作为人民主体地位的表征，法治必须以人为本，切实维护人民群众合法权益，尊重和保障人权，这是走中国特色社会主义法治道路必须坚持的价值追求与基本精神。"法治并不仅仅表现为法律数量上的增加和法律功能的扩展，不仅仅体现在对法律权威的崇尚，最根本的变化首先是法律价值的转变和创新，是法律对人的主体性和人权的尊重和保障，是法治为满足人的全面需求和促进人的全面发展提供制度基础和法律保障。这是国家性质（一切权力属于人民）、党的执政理念（执政为民）的具体体现，也是法律的社会主义性质的具体体现。"④ 人民群众权利的享有为其主体地位的确立提供了保障，而我国宪法是确保人民享有广泛权利的法律保障。因而，宪法的实施目的必然包含保障公民基本权

① 具体而言，党实现执政为民的宗旨：第一，要在"广泛"上做文章，不仅要全面保障人民在公法和私法上的权利、政治权利和经济社会文化权利、自由权与平等权，而且要保障法定权利之外的基本人权与正当利益，还要兼顾子孙后代的权利。第二，要在"保证"上下功夫，首先为权利的行使提供必要的物质资源；其次使每项权利相应的义务或职责具有对应支持。第三，要有效防止权利遭受公共权力的侵害。第四，要切实保障权利的平等行使。第五，要健全权利受损的救济机制。

② 参见江必新、彭萍萍：《热话题与冷思考——关于加快建设法治中国的对话》，载《当代世界与社会主义》2014 年第 5 期。

③《马克思恩格斯全集》第 1 卷，人民出版社 1956 年版，第 184 页。

④ 石泰峰：《加快法治建设的路径》，载《瞭望》2010 年第 1 期。

利的基本内容。在理念层面上，就是国家一切权力属于人民的宪法理念必须落到实处，最广泛地动员和组织人民依照宪法和法律规定，通过各级人民代表大会行使国家权力，通过各种途径和形式管理国家和社会事务、管理经济和文化事业。在实践层面上，全面贯彻实施宪法，就是要保障公民的人身权、财产权、基本政治权利等各项权利不受侵犯，保证公民的经济、文化、社会等各方面权利得到落实，努力维护最广大人民的根本利益，保障人民群众对美好生活的向往和追求。在行政服务层面，政府应积极改进其公共服务方式，建设基层社会治理和服务体系，不断提升城乡社区服务的基本功能，优化企事业单位、人民团体在社会治理和服务中的职责。在处理群众关系层面，政府要认真对待群众的诉求，要公平公正地处理群众利益关系，不能让不公正的处理伤害人民群众感情、损害人民群众权益。

第四，法治中国建设的核心要件是依法治国。① 法治中国是依法治国的扬弃与升华，但并没有抛弃了依法治国这一核心要件。法治内涵包括“依法治之”“以法为治”之意。在逻辑上，法治的首要任务是有法可依和依法办事，其次才是确定法律的合理性与正当性问题。依法治国不仅重视对权力行使者“官”的制约，还关注对权利享有者“民”的治理。具体来说，它要求“官”在法定职权范围内行使权力，并须符合正当性、程序性等基本要求；它要求“民”要依法行使法定权利并履行法定义务。

第五，法治中国建设的重大战略是法治国家、法治政府、法治社会一体构建。② 党的十八大多处强调法治国家、法治政府、法治社会“一体建设”，党的十九大更是将把“法治国家、法治政府、法治社会基本建成”纳入 2035 年基本实现社会主义现代化的奋斗目标。党的二十大再次强调，到 2035 年，“基本建成法治国家、法治政府、法治社会”。将“一体建设”作为法治中国

① 参见江必新、彭萍萍：《热话题与冷思考——关于加快建设法治中国的对话》，载《当代世界与社会主义》2014 年第 5 期。

② 参见江必新、彭萍萍：《热话题与冷思考——关于加快建设法治中国的对话》，载《当代世界与社会主义》2014 年第 5 期。党的十八大报告多处强调要加快法治国家、法治政府建设，并且将法治融入政治建设、经济建设、文化建设、社会建设以及生态文明建设“五位一体”总体布局之中。随后，习近平总书记又提出“法治国家、法治政府、法治社会一体建设”，从而确立了中国特色社会主义法治道路的重大战略。

建设的重大战略，是因为国家、社会和政府之间具有紧密的联系，公权力的规范需要社会主体、社会组织等的法治化配合才能实现最佳治理效果，只有将国家权力、政府权力和社会权力纳入法治化轨道，法治中国才能真正建成。以往的法治国家建设侧重于对国家权力（主要是政府）进行限制，且政府概念涵盖了立法、行政与司法三个分支，故法治国家、法治政府与法治社会往往被作为等同的概念。在我国语境下，学理上也通常将法治国家与法治社会相等同，但官方文件中的法治国家的规范对象被狭义地限定于国家机关，[①]即法治国家的规范对象是国家机关；法治政府是法治国家下最重要的目标，规范的对象是行政机关，强调的是依法行政；法治社会则主要是指社会主体、社会组织的法治化。中国特色社会主义法治道路即法治国家、法治政府与法治社会的有机统一，三者统一于法治中国的愿景之下。

二、法治中国建设的内容

对法治中国的基本诠释，是确保法治中国建设得以顺利进行的前提。加快建设法治中国中的“加快”不仅表现为建设速度方面的提升，还应体现为建设质量上的提高，需要从多个方面、多个角度加以推进与完善。

第一，确立法治国家、法治政府、法治社会一体建设，并把法治融入政治建设、经济建设、文化建设、社会建设以及生态文明建设五大建设之中的重大战略。[②]法治中国建设是法治一般理论与中国法治实践相结合的产物，是超越依法治国范畴的实质法治形态。有学者将其归纳为以下三个特征：（1）法治中国，是宪法法律具有最高地位和最大权威的中国；（2）法治中国，是全体公民依法享有广泛权利和自由的中国；（3）法治中国，是政治清明、经济富强、文化繁荣、社会和谐、生态文明的中国。[③]质言之，法治中国描绘了中国特色社会主义法治道路的理想图景，而上述战略正是法治中国图景的

---

① 包括立法机关、行政机关与司法机关。

② 党的十八大报告多处强调要加快法治国家、法治政府建设，并且将法治融入政治建设、经济建设、文化建设、社会建设以及生态文明建设“五位一体”总体布局之中。

③ 参见袁曙宏：《奋力建设法治中国》，载《求是》2013年第6期。

实现途径与必然要求，分别表达了法治中国建设的不同面相。以往主要强调法治国家和法治政府建设，认为法治主要是规范国家公权力，后来发现仅仅国家公权力法治化还不够，如果社会层面没有实现法治化，法治中国的目标仍然不能达成。尤其是当前食品安全、环境污染等危害人民生命健康的事件频发，一些审计机构、评估机构、鉴定机构等社会中介组织的不规范行为导致司法不公平的现象泛滥，都表明对经济和社会领域进行法治化、规范化的急迫性与必要性，必须着力推进经济运行的法治化、民生领域的法治化、社会管理的法治化、公权力运行的法治化，促进法治国家、法治政府与法治社会一体构建。

第二，推进依法治国、依法执政、依法行政，加强对公权力的监督和制约。依法治国作为法治中国总目标的实施机制，其内涵较为宽泛，包括依法“治官”（法治国家、法治政府）和依法“治民”（法治社会）在内。但在依法治国的三个面向中，仍有一个侧重的问题，这个侧重就是要依法治官、依法治权，加强对公权力的监督和制约。[①]之所以将加强对公权力的监督和制约作为法治建设的首要任务，原因在于：（1）法治形态之本源性内涵就在于“限权”，即限制公权力；（2）唯法律能使公权力正常运行并预防滥用；（3）唯法律能防止公权力侵害公民权利与自由。对公权力进行监督和制约的途径是依法治国、依法执政和依法行政共同推进，其核心是依法执政与依法行政。依法执政的规范对象是执政党，意味着党自身亦必须在宪法和法律范围内活动，党要通过权力机关，加强对行政机关、司法机关的领导和监督，实际上是强调要通过依法执政、依宪执政的方式来实现对权力监督制约的目的。依法行政的根本问题，是行政权力的制约问题，是公权力的合法性和有效性的问题，除了对公权力进行优化，建立法治政府外，尤要注重发展人民群众的公权利，

① 对此，党的十八大报告中的专门论述非常之多，如推进权力运行公开化、规范化；完善党务公开、政务公开、司法公开、各领域办事公开制度；健全质询、问责、经济责任审计、引咎辞职、罢免等制度；加强党内监督、民主监督、法律监督、舆论监督，让人民监督权力，让权力在阳光下运行；支持人大及其常委会充分发挥国家权力机关作用，依法行使立法、监督、决定、任免等职权；加强立法工作组织协调，加强对“一府两院”的监督，加强对政府财政预算决算的审查和监督；坚持用制度管权管事管人，保障人民知情权、参与权、表达权、监督权；确保决策权、执行权、监督权既相互制约又相互协调，确保国家机关按照法定权限和法定程序行使权力等。

将之作为制约公权力最深厚的力量。[①]

第三，健全并完善法律运行机制。早在中共八大时，董必武同志就提出“依法办事”“有法可依”“有法必依”的要求。在党的十一届三中全会前召开的中央工作会议上，邓小平同志提出了“有法可依、有法必依、执法必严、违法必究”的法制建设目标，直到党的十七大，这“十六字方针”都是作为社会主义法制的基本要求。党的十八大同样在讲有法必依、执法必严、违法必究，但鉴于社会主义法律体系已基本形成，就未再单独强调“有法可依”，转而提出“新十六字方针”：科学立法、严格执法、公正司法、全民守法。“新十六字方针”作为中国特色社会主义法治道路的基本要求，与“老十六字方针”相比，既一脉相承又更加丰富、全面和科学，从而开启了依法治国的新阶段。党的二十大报告对此强调：“全面推进科学立法、严格执法、公正司法、全民守法。”

科学立法与健全社会主义法律体系是紧紧联系在一起的，因为立法是加快建设法治中国制度建设中最为基础的一环，而制度建设又是加快建设法治中国的基本方向。新中国成立后一直到党的八大，党中央都强调要逐渐形成完善的法律制度。但“反右”到“文革”期间，治理主要依赖群众运动，法律制度遭到灾难性破坏。“文革”结束后，在反思这段历史时，邓小平同志有着经典概括：“必须使民主制度化、法律化，使这种制度和法律不因领导人的改变而改变，不因领导人的看法和注意力的改变而改变”[②]“制度好可以使坏人无法任意横行，制度不好可以使好人无法充分做好事，甚至会走向反面”[③]。此后，我们党一直将制度建设作为重要任务，党的二十大报告把制度建设摆在突出位置，强调“健全保证宪法全面系统实施的制度体系”，不仅要加强制度建设，而且要求不断创新制度，推动制度的自我完善和发展，这就为中国特色社会主义法治道路指明了方向。

行政机关是严格执法的主体。严格执法是一个系统工程。首先，严格执

---

① 公权利是与公权力对应并与私权利相区别的概念，指社会政治共同体成员在共同体事务中所享有的权利，包括知情权、参与权、表达权、请求权、监督权等。

②《邓小平文选》第2卷，人民出版社1994年版，第146页。

③《邓小平文选》第2卷，人民出版社1994年版，第333页。

法的法律依据必须具有可操作性、可实施性、可接受性等基本的特征，从而在法律实施过程中降低实施成本；其次，法律实施需要有配套性资源的支撑以及相关制度、设施、物质的保障；再次，严格执法还要求执法主体的法律实施素养与能力符合法治的基本要求，因而国家必须提供必要的培训机制与人才培养条件；最后，严格执法还需要有针对性地进行程序设计、制度构建，从而为法律实施创造良好的执法环境。

公正司法的主体是司法机关，包括人民法院和人民检察院。公正司法是确保公平正义的最后一道防线，而其中的核心在于司法中立。司法中立意味着司法机关不偏不倚地行使司法权力，意味着不受其他权力之干扰。因而，司法中立有利于司法审判结果获得当事人的认同和接受；与此同时，司法中立还意味着司法机关能够依法独立行使职权并且具有足够的能力抵抗任何扰乱司法的因素。这也就决定了我国推进司法体制改革与制度完善，必须不断提升司法工作人员的综合素质。同时，借由设立正当程序，赋予公民以程序权利，使得司法过程符合科学、有效的司法规律。除此以外，司法中立还要求有有效而理性的层级监督和外部监督来确保司法审判过程中认定事实客观、法律适用正确。因此，司法要真正发挥作用，就必须确保司法机关能够依法、独立、公正地行使职权。而要依法、独立、公正地行使职权，首要的任务是要深化司法体制改革。党的十六大、十七大都提到司法体制改革问题，党的十八大特别将改革目标定位在确保审判机关、检察机关依法、独立、公正地行使审判权、检察权上，党的二十大特别强调“健全公安机关、检察机关、审判机关、司法行政机关各司其职、相互配合、相互制约的体制机制”。

守法亦是法律实施过程中的重要一环。全民守法目标的实现要求法律得到全社会的认同与遵守。虽然法律的强制性以及国家强制力能够有效地保障法律得到社会公众的顺从与遵守，但法律要真正得到全社会的认同仍然需要经历一个比较漫长的过程。知法、懂法只是全民守法的第一步，国家可以加大法治宣传与法治教育力度来使全民知法懂法；认同法律是全民守法的第二步，法律得到社会的认同表明法律本身至少与全民之共同利益不相违背；信仰法律则是全民守法的最终目标，民众对法律的信仰不仅是一种行为方式方面的尊重，还是一种理念方面的彻底认可，是将法治理念融入其精神层面进而转化为现实行为。

第四，法治中国建设的关键在于执政党及其党员、国家机关及其干部带头遵法守法。党中央多次在重要会议中论述党员带头遵法守法的重要性，[①] 可见党员领导干部模范遵法守法对于法治中国建设之重要作用。首先，领导干部带头遵法守法，是实现“党的领导、人民当家作主与依法治国”的必然逻辑。实现党的领导的重要途径，是通过人民代表大会这个平台，使党的主张转化为国家意志；是通过推荐人选成为国家机关领导人才，保证国家意志得以执行。但如果执政党及其党员、国家机关及其干部尤其是领导干部都不遵循外化为国家意志的党的主张，势必上行下效，整个社会的法治根基将因此坍塌。因而，执政党及党政干部能否率先垂范、遵纪守法，直接关系全社会的法律意识能否确立，也是法治中国能否实现的关键。其次，要实现执政党及其党员、国家机关及其干部尤其是领导干部遵法守法，需要从以下几方面加以着手：第一，党员领导干部自身的法治素养要不断提升，从而使其执政能力和水平符合法治建设的发展趋势；第二，党员领导干部要善于运用法治思维与法治方式来解决改革过程中的各种难题，化解社会矛盾，维护社会秩序的稳定；[②] 第三，党员领导干部不仅不能滥用职权擅自干涉执法、司法等部门权力的行使，还应当积极为以上部门依法独立公正行使权力创造条件，提供动力支撑；第四，党员领导干部的选拔、任命、问责与监督需要专门的法律依据，并将其纳入法定程序。

---

① 党的十八大报告强调：“党领导人民制定宪法和法律，党必须在宪法和法律范围内活动。任何组织或者个人都不得有超越宪法和法律的特权，绝不允许以言代法、以权压法、徇私枉法。”习近平总书记重申，“党领导人民制定宪法和法律，党领导人民执行宪法和法律，党自身必须在宪法和法律范围内活动，真正做到党领导立法、保证执法、带头守法”。参见习近平：《中国共产党领导是中国特色社会主义最本质的特征》，载《求是》2020 年第 14 期。此后，习近平总书记又在第十八届中央政治局第四次集体学习时进一步强调，各级党组织必须坚持在宪法和法律范围内活动。各级领导干部要带头依法办事，带头遵守法律。各级组织部门要把能不能依法办事、遵守法律作为考察识别干部的重要条件。这些论述，构成了中国特色社会主义法治道路的核心内容。

② 参见习近平：《在首都各界纪念现行宪法公布施行 30 周年大会上的讲话》，载《人民日报》2012 年 12 月 5 日第 1 版。文章指出：“要提高运用法治思维和法治方式深化改革、推动发展、化解矛盾、维护稳定能力，努力推动形成办事依法、遇事找法、解决问题用法、化解矛盾靠法的良好法治环境，在法治轨道上推动各项工作。”

第三节 加快建设法治中国的基本环节

法治中国建设需要遵循社会转型的基本规律，需要采取有力的措施来推进法治中国的内容和要求的实现。目前，法治中国建设需要重点关注推进执政党领导权行使与依宪执政、推动法治政府与公正司法建设、促进社会治理与法治社会建设、建立法治评估指标体系等四个方面。

一、加快法治中国建设的关键环节

第一，推进执政党领导权行使与依宪执政建设。党的领导、人民当家作主和依法治国的统一（以下简称为三个统一[①]）是法治中国建设的核心观念与基本架构。我们党在处理党的领导、人民当家作主与依法治国三者间的关系方面经历了一个不断实践、不断探索、不断深化、不断提升的漫长过程。在毛泽东、邓小平等领导人民主法制建设思想的基础上，我党通过一系列的重大会议报告不断深入论述了三者之间的关系。党的十五大报告上指出“把坚持党的领导、发扬人民民主和严格依法办事统一起来”；党的十六大明确提出“发展社会主义民主政治，最根本的是要把坚持党的领导、人民当家作主和依法治国有机统一起来”；党的十八大进一步强调“必须坚持党的领导、人民当家作主、依法治国有机统一，以保证人民当家作主为根本，以增强党和国家活力、调动人民积极性为目标，扩大社会主义民主，加快建设社会主义法治国家，发展社会主义政治文明”。党的二十大报告突出强调“必须坚定不移走中国特色社会主义政治发展道路，坚持党的领导、人民当家作主、依法治国有机统一，坚持人民主体地位，充分体现人民意志、保障人民权益、激发人民创造活力”。这些论述，实际上揭示了我国法治道路所蕴含

① 这“三个统一”在党的十六大、十七大报告中就已经提出，问题的关键在于如何统一。概言之，“三统一”落实在依宪治国之中，在依宪执政、依法治国、依法行政的有机统一中实现。

的核心理念与基础框架，即“三统一”[①]。

如何做到“三统一”是关键。要实现三者的有机统一，核心是厘清党对国家的领导方式问题。对此，习近平同志有过精辟的论述：“坚持党的领导，更加注重改进党的领导方式和执政方式。”[②]“善于使党的主张通过法定程序成为国家意志，善于使党组织推荐的人选成为国家政权机关的领导人员，善于通过国家政权机关实施党对国家和社会的领导。”[③]这“三个善于”，为改进党的领导方式和执政方式指明了方向。首先，必须正确认识和处理党政关系问题。[④]完全的党政合一或者党政分开都是不可取的：如果党政分开，党脱离了国家政权，便不能领导国家政权，党要有权执政就必须进入国家政权机关，进入国家政权机关就需要融合；但在法治国家背景下，行政机关要依法行政，司法机关要独立行使审判权，就不能实行党政不分。由此，党的领导方式和执政方式的改变，事实上就是党如何充分利用权力机关实现对国家政权的领导，对权力机关而言，党和“政”应当高度融合；但对于行政机关和司法机关来说，党和“政”又要相对分开。其次，必须正确认识和处理执政党与宪法和法律的关系问题。“依法治国首先是依宪治国，依法执政关键是依宪执政”，“党领导人民制定宪法和法律，党领导人民执行宪法和法律，党自身必须在宪法和法律范围内活动”。[⑤]由此，依宪治国、依宪执政，即党按照宪法规定的权力运行模式，利用宪法赋予权力机关的立法权、重大事项决定权、人事任免权以及监督权等四种权力，实现对行政机关和司法机关的领导。这不仅具有中国特色，也与现代民主政治运作规律相一致，从而真正实现了

---

① 尽管西方国家也有政党，但与社会主义国家党的领导有着本质区别。在西方多党制国家中，每个政党都有其自身利益、主张、观点，也有特定的代表群体，如讲某个“党的领导”，实际上是将部分利益凌驾于整体利益之上，从根本上有违民主的要求；而我国党的领导是多党合作下执政党的领导，“三个代表”的要求在很大程度上能充分吸纳民意，从而使党的领导能够代表全体国民的意志，使得人民当家作主和依法治国在党的领导下统一起来。其中，人民当家作主是中国特色社会主义民主政治的本质特征，依法治国是核心内容，党的领导是政治保障。

② 习近平：《关于〈中共中央关于全面推进依法治国若干重大问题的决定〉的说明》，载《人民日报》2014年10月29日第2版。

③ 《中国共产党第十八届中央委员会第四次全体会议汇编》，人民出版社2014年版，第23页。

④ 此处的“政”是广义的，即国家政权机关，包括立法机关、司法机关、行政机关。

⑤ 习近平：《在首都各界纪念现行宪法公布施行30周年大会上的讲话》，载《人民日报》2012年12月5日第1版。

“三统一”。

第二，加快法治政府建设与公正司法建设。作为法治中国一体化建设体系中的一环，法治政府建设已经逐渐发展成为推进法治中国建设过程中的关键性领域。加强法治政府建设既建立在有限政府、依法行政等基本的法治理念基础之上，又建立在不断健全的立法制度、行政制度、司法制度之上。从制度构建的角度来说，加强法治政府建设需要加快推进政府机构改革，全面履行政府职能；推动制定重要行政法规，加强重点领域法规政策的出台；加强决策的科学性和民主性，强化对行政决策的合法性审查，推进党委决策法制化，建立行政决策失误的责任追究制度；完善监督体系，强化对行政权力的监督与制约，探索设置独立的跨区划行政法院，自觉接受党内监督、人大监督及司法监督，加强行政监督和审计监督，提升社会监督水平，完善社会监督机制，完善行政问责及纠错机制，推行政务公开。从依法行政与有限政府的角度来说，行政机关需要严格依照法律的规定行使公权力，主要表现为严格执法与保护公民基本权利两个方面。其一，严格执法之先决条件在于法之可操作性，意即法具有可实施性与可接受性，并具有实施之配套设施乃至法规范之自我实现性。国家须及时提供法实施之体制、设施与物质保障；国家要提供法实施主体之素质与能力培养条件与机制。其二，保护公民基本权利要求行政机关在行使公权力的同时不得侵害公民之合法权利，意味着只有将行政权力牢牢地关在制度的笼子里，确立基本的行政程序制度。公正司法与法治政府建设具有紧密的联系，而公正司法的核心在于司法中立。实现公正司法目标，不仅需要司法机关予以制度上的保障，还需要从司法人员的法治素质以及法治专业技能培养等方面进行完善。

第三，促进社会治理与法治社会建设。作为加快建设法治中国的重点领域，法治社会建设不仅有其自身的特性，还可以有效地促进法治国家和法治政府建设。然而，由于传统认识上对法治社会建设的忽略，我国目前的社会治理问题仍然是法治建设的薄弱环节。社会治理与法治社会建设是一种被包含与包含的关系，前者是后者的核心内容。法治社会建设的基本方略就是透过法治社会化实现社会法治化的育化过程，具体包括法制社会化以及司法社会化两个主要层面。[①]法制社会化的基础要求就是全民守法。守法之主体主要为公民。全民守法之前提在于初步的识法懂法，意即具备初步的法律意识，才能进而上升为法治信仰。基于此，一方面我国要鼓励公民学法、知法；另一方面，还需要教育公民尊法和守法。增强法制社会化，需要提升法制的良善性与科学性。法治社会建设的前提条件在于法治社会的规则系统须为良法，即要求是良法为治。但这里的良善性或正当性，最重要的是对国家法的要求。着眼于法治社会建设，正式的国家法应该在回应性和收缩性等方面进行改进提升。司法的社会化则要求司法审判实务要符合公平正义等基本要求，符合公民对司法正义的期待。在现实中，以法律纠纷表现出来的冲突往往蕴含着更深层次的政治经济社会矛盾。司法审判只有向着真正意义上的公正与正义迈进并得到民众的基本认同，才能真正实现社会正义，从而实现法治国家所要求的正义价值目标。另外，从社会契约的角度来看，司法是向公民供给公平纠纷解决机制这一公共产品的“厂商”。因而，司法必须既保障品质又能让作为消费者的公民所理解和认同 。从本质上来说，司法社会化就是要确保司法审判的程序、结构符合人民对“社会公平、正义”等的价值期待。

第四，构建科学的法治评估指标体系。法治是一个动态发展的过程，法治的实施评估也需要构建一个比较科学的评估系统。法治评估系统的科学性既与该国的法治实施情况密切相关，又要求有客观公正的数据予以支撑。事实上，法治评估就是对一个国家法治实施过程的动态监控与反映。法治评估是衡量国家治理水平高低的重要依据。因而，建立科学的法治评估体系，是推进法治中国的重大举措。法治的基本要素是规则之治，设计合理、科学的法治评估指标体系可以使法治得到最大程度的实施，实现最优效果。开展法治评估，以常态化的成效、考核推进法治中国建设的进程，是建设法治中国的动力机制。法治评估之于中国，可以有效加快法治中国建设，可以推动地方之间和部门之间的法治建设竞争，有效促进法治发展，可以实现政府和民众的双赢，是适应国际化的内在要求。然而，当前中国在法治评估实践领域仍然面临着对法治评估的定位存在偏差、评估主体和内容存在问题、评估效

① 参见江必新、王红霞：《法治社会建设论纲》，载《中国社会科学》2014 年第 1 期。

果存在失真等需要改进的地方。基于此，“加快法治中国建设研究”课题组提出了国家治理商数这一概念，试图从系统工程的角度将法治实施过程予以数据化、客观化，并依据这一公式初步拟定了法治评估指标体系。该指标体系的设定遵循如下原则：一是尽量选择最能反映法治实际状况的指标；二是尽量让设定的指标可以量化；三是对不方便量化但确有必要列入的指标允许实际评估时适当进行自由裁量。

二、加快建设法治中国的重点环节

在全面深化改革期间，我国的法治建设需要在以上这些方面采取更为有力的措施去加以推进。在以上法治中国建设的重点领域之中，我国目前需要特别重点关注的是加快推进宪法实施与依宪执政建设、社会治理与法治社会建设。

（一）确立执政党领导权与依宪执政

党的领导权确立与依宪执政是加快建设法治中国的关键。宪法实施是依宪执政的首要共识，而党的领导权是依宪执政的关键性因素，宪法监督是宪法实施的保障。依宪执政的提出具有里程碑式的意义：一方面，宪法作为法之统帅，是对人民的根本性承诺与保障。依宪执政就是依据人民的共同意愿来治国理政。另一方面，党的领导权的确立是确保依宪执政的关键性因素，因为党是人民的代表，只有党才能真正反映人民的根本利益需求。在此基础之上，依宪执政对于宪法实施的基本要求就是宪法得民心以及违宪要追责。首先，宪法监督必须落实为某种具体的、明确的法定权限和程序的法律制度，而违宪是宪法实施过程中可能出现的结果，预防违宪现象的出现，需要建立相应的宪法监督机制。其次，推进依宪执政与宪法实施，需要完善党的领导权制度：牢固树立依宪治国的基本方略，为党的领导权正当性提供资源，处理好领导权与国家权力的关系，以党章和党内基本法规规范领导权；需要完善促进宪法实施的法律和制度：制定宪法解释程序法、宪法监督工作制度，推动合宪性解释以加强宪法对各项公权力行使的约束，改善宪法宣传教育工作，设立宪法工作委员会；需要切实推动宪法实施，以现行宪法为基准，以上下一贯的重视为动力，以智慧和勇气为抉择手段。

（二）法治社会建设与社会治理

加快建设法治社会与推进社会治理，首先需要解决的问题是发现当前我国法治社会建设中存在的主要矛盾，并对这些矛盾进行深入分析以明晰法治社会建设的基本路径。我国当下社会治理过程中所表现出来的主要矛盾有六大方面：（1）民权意识与维权理性之间的矛盾。具体而言，公民既充满了对法律护权的期待，却又抱怨法律程序的繁杂；既难以容忍他人违法侵权的行为，自己却又坦然为之；既认可法律为维权的武器，却又倾向于采用极端维权方式。诸上矛盾的存在导致维权与侵权交织难辨。（2）对人情与国法认识方面的矛盾。尽管法治已经成为治国理政的共识，但在实际行动中，尤其是关涉自身利益时，部分群众更倾向于采用"人情"而非"国法"的方式来解决问题。（3）政府守夜人身份转换与社会组织功能承接之间的矛盾。政府让权退位的同时，社会组织与社会团体的功能承接却并未得到及时发展，使得政府进退两难。（4）良法善治的要求与法制质量之间的矛盾。尽管立法质量在一定范围内得到了大幅度的提升，但在某些领域仍然难以满足严格执法与公正司法的具体要求。这种矛盾的出现将会给法律实施带来多重困难。（5）严罚的期待与违法成本低而守法成本高之间的矛盾。守法是法治的基本期待，但在期待守法的同时，忽略了对违法的惩罚力度，使得守法与违法之间的矛盾激增。严惩违法，不仅要加大惩罚后果的严重程度，更要提升违法的成本，使人不敢违法。（6）社会问题的复杂特性与应对方式简单低效之间的矛盾。社会发展过程中所出现的新问题、新矛盾，不能以简单粗暴的方式笼统对待。法治社会建设要求治理方式顺应社会发展的基本趋势，符合人民的基本期待，而不应当僵化。针对社会治理之诸多矛盾，须从如下方面入手。

第一，重视法治精神的指引作用。法治社会的根本问题在于将法治理念、法治信仰内化于人心，成为社会成员决策和行动的基本指引。[①] 法治意识只是人们获得法治理念的初级阶段，要想将法治理念深入人心，需要从教育、宣传等多方面角度出发，让人们浸润在法治的世界之中，进而发挥出法治精神对

① 参见江必新、王红霞：《社会治理的法治依赖及法治的回应》，载《法制与社会发展》2014年第4期。

人民行为的指引作用。

第二，重视基层治理的传达作用。社区治理作为我国法治社会建设中的“最后一公里”，如果不能完整、及时、有效地传达治理精神，就会出现“治理失灵”的问题。因而，我国法治社会建设需要重视社区这一基层治理单位的重要作用，确保治理“传感神经”的畅通。

第三，重视规范体系的针对性作用。法律规范必须具有针对性，必须符合社会发展的基本需求，从而获得最基本的可操作性与可实施性。除此以外，社区自治规范、村规民约等社会规则应当与国家法律保持高度一致，使得法律实施的效果能够落地。

第四，重点打击典型违法。法律对违法行为的打击力度应当有所区分，针对典型的违法行为，国家应当确保其受到严厉的制裁与打击，以起到预防与警示的作用。社会秩序的良好运行，需要对典型的违法行为进行制裁，一方面是表明国家维护正常秩序的决心，另一方面也是勉励更多的人遵法守法而不是违法侵权。

第五，重视市场秩序的建构，抑制不当社会行为。[①]政府在让权归位的同时，不应当只是简单地一放了之，而应当有一个让市场主体逐步适应的过程。一方面，政府应当在放权之前扶持相关的社会组织，规范其行为并引导其发挥治理的功能；另一方面，政府还应当主动培育社会组织，防止放权之后社会组织为了谋求自身利益最大化而滥用市场规则等不正当问题的出现。总而言之，尽管政府逐渐放权，但仍然需要对社会组织进行引导，通过秩序的建设和维护持续规范市场行为和社会行为。[②]

第六，完善系统化运行的社会治理机制。（1）完善的社会治理机制需要从矫正公民的不当行为方式开始，从根源上培养公民遵法守法的良好习惯；（2）政府要通过间接地影响社会治理组织的行动决策过程，实现对以上组织进行相应的法律调整；（3）社会治理机制的运行需要市场经济主体对其自身

---

① 参见江必新、王红霞：《社会治理的法治依赖及法治的回应》，载《法制与社会发展》2014年第4期。

② 参见江必新、王红霞：《社会治理的法治依赖及法治的回应》，载《法制与社会发展》2014年第4期。

行为进行自治，且这种行为自治仍然要受到法律的规制；（4）法律还应当规范社会组织的非经济行为，并明确社会组织的治理职能范围；（5）在应对社会冲突方面，还需探索多元化的纠纷解决方式，防范社会组织失信现象的出现；（6）完善的社会治理机制还应当构建良性的信用机制，防范市场转型过程中出现的各种陷阱。

第七，重视治理手段的科学化。法治社会治理手段的科学化既要处理好各种治理方式之间的关系，明确传统的管理与治理之间的区别，也要不断提升治理的技术水平，充分运用现代的科学技术方式来解决问题。而针对社会发展过程中不断出现的新问题，社会治理方式应当与时俱进，例如，重视信息化技术的运用以及建立科学的治理评估体系等。

◉ 第二章 ◉

法治中国建设的首要工程
——依宪执政与宪法实施

法治权威能不能树立起来，首先要看宪法有没有权威。宪法是治国安邦的总章程、人民幸福的保证书，与国家前途、人民命运息息相关。宪法的生命在于实施，宪法的权威也在于实施。宪法实施之有效与否，是衡量一个国家法治健全程度、治理能力水平的重要标准。同时，宪法的有效实施是一个国家人权事业进步、人民生活幸福的重要保证。如今，我国拥有一部实施了40多年、历史上最好的宪法，并形成了以宪法为统帅的中国特色社会主义法律体系，这是改革开放以来政治文明建设的重大成就。同时也应看到，违反宪法规定或原则精神的行为依然存在，保证宪法实施的监督制度还不健全，一些高级领导干部和公务员的宪法观念、宪法意识和依宪执政、依法行政的水平还有待提高。这对于全面推进依法治国，完善和发展中国特色社会主义制度、推进国家治理体系和治理能力现代化而言，是一个重大障碍。因此，习近平总书记在首都各界纪念现行宪法颁行30周年大会上讲话强调“要坚持不懈抓好宪法实施工作，把全面贯彻实施宪法提高到一个新水平”。[①] 中国共产党十八届三中全会《中共中央关于全面深化改革若干重大问题的决定》(以下简称《全面深化改革的决定》) 提出“要进一步健全宪法实施监督机制和程序，把全面贯彻实施宪法提高到一个新水平”。[②] 党的十八届四中全会《中共中央关于全面推进依法治国若干重大问题的决定》(以下简称《全面推进依法治国决定》) 把加强宪法实施作为全面推进依法治国的一项重大任务，并且提出“坚持依法治国首先要坚持依宪治国，坚持依法执政首先要坚持依宪执政”。[③] 党的二十大报告强调，“完善以宪法为核心的中国特色社会主义法律体系”。[④] 党的二十届三中全会指出：“健全保证宪法全面实施制度体系，建立宪法实施情况报告制度。”[⑤] 笔者认为，加快建设法治中国，就要加快全面有效实施现行《宪法》的进程，其中，中国共产党加快推进依宪执政是关键。

学界对于依宪治国、依宪执政和宪法实施的研究成果已经不少，这些成果既有从法理角度所作的“为什么”的论证，也有从政策角度提出的“怎么做”的建议，本书不重复这些成果，而是围绕“加快”这一目的，在吸收既有理论性成果养分的基础上，提出一些目前学界虽已触及，但尚未明确阐述和论证的理念、概念，并且在综合比较既有对策性成果的基础上，提出我们的建议方案。

① 习近平:《在首都各界纪念现行宪法公布施行30周年大会上的讲话》，载《人民日报》2012年12月5日第1版。

② 《中共中央关于全面深化改革若干重大问题的决定》，载《人民日报》2013年11月16日第1版。

③ 《中共中央关于全面推进依法治国若干重大问题的决定》，载《人民日报》2014年10月29日第1版。

④ 习近平:《高举中国特色社会主义伟大旗帜 为全面建设社会主义现代化国家而团结奋斗——在中国共产党第二十次全国代表大会上的报告》，人民出版社2022年版，第40页。

⑤ 《〈中共中央关于进一步全面深化改革、推进中国式现代化的决定〉辅导读本》，人民出版社2024年版，第43~44页。

第一节 依宪执政的基础性共识和中国式概念

党中央、专家学者、社会各界都在谈“依宪执政”。依宪执政是为了什么？依宪执政的目标是什么？这需要全社会达成共识。笔者认为，正如习近平总书记指出的：“我们就是在不折不扣贯彻着以宪法为核心的依宪治国、依宪执政，我们依据的是中华人民共和国宪法”，所以，依宪执政就是为了把现行《宪法》贯彻实施好，以促进全面依法治国，达致社会主义宪法治理的目标。所以，本书首先要旗帜鲜明地提出：依宪执政为的是要全面有效实施现行宪法，这一点应该成为我们建设法治中国的首要共识。其次，我们提出，依宪执政的关键是规范党的领导权，要在中国特色社会主义法治理论上确立“领导权”概念并进行深入的宪法学和法理学的研究。最后，我们明确提出，全面有效实施现行《宪法》的状态叫作“社会主义宪治”，以避免有关“宪政”的争论扰乱宪法实施大业。

一、全面有效实施现行《宪法》：法治中国的首要共识

（一）宪法实施的极端重要性

按照我国现行《宪法》的规定，宪法实施与宪法实施监督是两个不同的概念。中国共产党十八届三中、四中全会《全面深化改革的决定》《全面推进依法治国决定》，党的十九大报告，党的二十大报告以及习近平同志、胡锦涛同志分别在纪念现行宪法颁行30周年、20周年大会上的讲话，也专门提到了宪法实施的监督（宪法监督、宪法实施和监督）。学术界对宪法实施的理解有广义、中义和狭义三种。[①] 笔者认为，将宪法实施与宪法监督区分开来，或

① 本书不罗列各家学说，相关讨论可见：蔡定剑：《宪法实施的概念与宪法施行之道》，载《中国法学》2004年第1期；马岭：《“违宪审查”相关概念之分析》，载《法学杂志》2006年第3期；胡锦光：《违宪审查与相关概念辨析》，载《法学杂志》2006年第4期。

者将监督作为实施的一个内容，各有其道理。本书区分宪法实施与宪法监督，但在有些场合（如阐述我国宪法实施的历史与现状）也是在广义上使用宪法实施的概念。

我国宪法实施经历了曲折的历程。现行《宪法》颁行之后，中国共产党非常重视宪法实施。自党的十二大以来，宪法实施都是党代会报告一贯关注的问题，并且突出强调的是党要守宪。著名宪法学家何华辉先生曾说："任何法律，即使是最好的法律，如果不能贯彻实施，不过是一张废纸。宪法的实施更为重要，因为宪法对国家的各个方面都产生巨大的作用。"①从国家治理的视角来看，宪法实施是宪法治理、政治文明的核心关键；从国家富强的视角来看，宪法实施是强国建设、民族复兴的必由之路；从历史教训的视角来看，宪法实施是拨乱反正、结束人治的必然要求。"可以毫不夸张地说，……什么时候宪法的权威得到了尊重，社会就会稳定健康有序地向前发展；什么时候宪法的权威遭到了否定，社会就会停滞不前，甚至会出现倒退。"②

（二）全面有效实施现行宪法是当代中国首要的宪法共识③

社会共识应当以宪法共识为基础，在一个宪法拥有至上权威的国度，基本的社会共识就是宪法共识。狭义的宪法共识是指社会各界对宪法所蕴含的价值的共识，有学者直接称之为"宪法价值共识"。如范进学教授认为，在价值多元的条件下，社会共同体的核心价值体系是共同体成员在价值认同上的最大公约数，而在现代社会，这个最大公约数只能是宪法价值。宪法价值共识就是对宪法价值的认知与感悟后而生成的一种价值信仰，整个社会成员尤其是各级党政领导及国家工作人员内心认同而形成的以宪法价值为共识的价值观与价值体系，并使之成为指导自己行为的最高准则规范。宪法价值共识一旦形成，就自然成为社会主流价值共识与价值观，一个社会共同体成员能否形成一个牢固的、稳定的宪法价值共识是宪法实施成败的关键。④

我们主张广义的宪法共识概念，是指社会各界对重大宪法问题的一致认

① 何华辉：《比较宪法学》，武汉大学出版社1988年版，第105页。

② 孙琬钟：《弘扬社会主义民主和法治精神》，载《光明日报》2002年12月3日第8版。

③ 本部分出自本项目研究成员已发表的阶段性成果：蒋清华：《论我国宪法共识及其概念化表达》，载《北大法律信息网文粹（2016）》，北京大学出版社2016年版，第188~199页。

④ 范进学：《宪法价值共识与宪法实施》，载《法学论坛》2013年第1期。

识。所谓与宪法有关的重大问题，不只是宪法价值问题。宪法价值通过宪法概念、宪法规则和宪法原则来展现，所以宪法价值共识（狭义的宪法共识）主要涉及的是宪法理解（解释），它主要是规范的、理想的。广义的宪法共识除了关注宪法体现着什么价值（涉及宪法解释）之外，还关注宪法应当承认哪些价值（涉及宪法制定），宪法价值如何发展（涉及宪法解释与宪法修改），宪法价值如何实现（涉及宪法保障）。可见，广义的宪法共识不仅有规范的、理想的一面，还有实证的、务实的一面，并且以务实性为主。对宪法共识持广义理解的典型例子如韩大元教授指出，经过几十年的宪法实施，我们寻求了一些基本的宪法共识：一是尊重宪法、维护宪法是一个国家宪法治理的基本模式，二是国家尊重和保障人权成为国家价值观，三是宪法实施是法治发展和国家制度完善的基础。① 又如薛小建教授认为，对宪法共识之证成，至少包括以下内容：宪法体现了人民共同认可的基本价值与信念；宪法的生成和进化过程中的人民参与；宪法的利益是人民共同的利益和要求。②

广义的宪法共识是多层次的，这些层次的重要性程度因历史阶段宪法主要矛盾的不同而不同。但其基本原理是，关乎宪法命运的共识是首要的宪法共识。首要宪法共识就是社会共同体对于特定历史时期内最基本、最重要、关乎宪法命运的宪法问题所达成的一致认识。所以，首要宪法共识也是基本的社会共识之一。

中国自近代立宪以来，各个历史时期的首要宪法共识是不同的。在清末，要不要制定宪法，使宪法降生于古老的中华大地，是宪法问题中的首要问题。所以，“立宪”是清末中国的首要宪法共识。在北洋时期，政局不稳，宪法多产，法统丧失，内战频仍，这些事件之间形成恶性循环。这既是首要宪法共识缺失的结果，同时又反过来阻碍了首要宪法共识的形成和稳固。这段历史启示我们，关乎宪法命运的首要宪法共识至关重要，一旦萌芽，社会上下就应对其倍加珍惜、巩固光大。中华民国时期，“立宪”作为首要共识已成历史，首要宪法共识进化为实行“立宪政治”（宪法政治）的问题。但由于国民

① 韩大元：《宪法与社会共识：从宪法统治到宪法治理》，载《交大法学》2012 年第 1 期。

② 薛小建：《中国社会转型的法律基石：1982 年宪法的历史地位》，载《中国法学》2012 年第 4 期。

党首先破坏这一共识，最终导致了“宪政”败亡。

中华人民共和国成立后，《中国人民政治协商会议共同纲领》作为临时宪法，发挥了重要作用。5年之后，1954年9月20日诞生了新中国第一部宪法（“五四宪法”）。经历一段动荡曲折后，在“五四宪法”基础上修改的现行宪法（“八二宪法”）于1982年12月4日诞生，并经过1988年、1993年、1999年和2004年、2018年五次修正，已成为体现主权在民、权力制约、人权保障、社会本位等基本精神的好宪法。至此，近现代中国的民主立宪使命已经完成，中国宪法事业步入了行宪护宪的新阶段。换言之，当代中国的首要宪法问题不再是我们需要一部什么样的宪法的问题，而是我们应当如何对待现行宪法的问题。

对待现行宪法的基本立场是尊重宪法、实施宪法、维护宪法，以实施宪法为核心。2012年12月4日，中央隆重举行首都各界纪念现行宪法公布施行30周年大会，习近平同志在会上的讲话指出：“宪法与国家前途、人民命运息息相关。维护宪法权威，就是维护党和人民共同意志的权威。捍卫宪法尊严，就是捍卫党和人民共同意志的尊严。保证宪法实施，就是保证人民根本利益的实现。只要我们切实尊重和有效实施宪法，人民当家作主就有保证，党和国家事业就能顺利发展。反之，如果宪法受到漠视、削弱甚至破坏，人民权利和自由就无法保证，党和国家事业就会遭受挫折。这些从长期实践中得出的宝贵启示，必须倍加珍惜。我们要更加自觉地恪守宪法原则、弘扬宪法精神、履行宪法使命。”[①] 总之，现行《宪法》实施40余年来，社会大众的宪法意识愈发强烈，知识界关于加强宪法实施的呼声持续不断，宪法学界关于完善我国宪法实施制度的讨论热烈且深入，实施宪法成为当代中国的首要宪法共识。根据习近平同志纪念宪法施行30周年讲话开篇提出的“全面有效实施宪法”，当代中国的首要宪法共识的最新表述可以确定为“全面有效实施现行宪法”。

---

① 习近平：《在首都各界纪念现行宪法公布施行三十周年大会上的讲话》，载《人民日报》2012年12月5日第2版。

二、党的领导权：依宪执政的关键因素[①]

（一）为什么提出法学意义上的党的领导权

中国共产党十八届四中全会通过的《全面推进依法治国决定》指出："党的领导是中国特色社会主义最本质的特征，是社会主义法治最根本的保证。"[②]没有人能否认长期执政的中国共产党对国家和社会生活在事实上产生着巨大的控制、支配和影响力。这种力量不仅来源于党对国家政权的执掌（作为执政党的身份），而且从根本上讲，还源自党对国家和社会的领导（作为领导党的身份）。那么，在全面推进依法治国的背景下，党的领导如何更加符合依宪治国的根本遵循，从而使党顺利实施"四个全面"战略布局，实际上也是我国法治和政治现代化的关键问题。

第一，提出领导权是丰富中国特色社会主义法治话语的必然要求。法治话语既是哲学社会科学话语（学术话语），也是国家治理话语（实践话语）。正如有学者分析的，中国学术话语体系的当代建构作为一项思想任务，其核心在于当今的学术话语如何能够深入我们的历史性实践、独特发展道路和民族复兴目标所开启的特定内容之中，这一内容的实体是社会现实及其所规定的问题领域，而我们的职责是用真正的学术来把握这样的现实，使其不断地被揭示而非掩盖。所以，揭示当今中国的社会现实，是学术话语体系重建的一个基本尺度，因而就不可能局限于对外国的模仿或者对传统的继承。[③]我们可以看到，在西方的法政理论和实践中，很少讲政党的"领导"，一般是讲"执政"。而在中国，"领导"比"执政"讲得更多。例如，党的十八届四中全会《全面推进依法治国决定》全文共出现"党领导"和"党的领导"22次，"执政"11次。又如党的十九大报告全文共出现"领导"60次，"执政"15次。日常生活中"党的领导"的说法更是不可胜数。但"领导"更多是作为

---

① 本部分出自本项目研究成员已发表的阶段性成果：陈云良、蒋清华：《中国共产党领导权法理分析论纲》，载《法制与社会发展》2015年第3期。

② 《中共中央关于全面推进依法治国若干重大问题的决定》，载《人民日报》2014年10月29日第1版。

③ 参见吴晓明：《论当代中国学术话语体系的自主建构》，载《中国社会科学》2011年第2期。

政治概念、政治话语在使用。所以，有必要提出“领导权”这一术语，作为一个具有鲜明中国特色的法律概念和法治话语。

第二，分析领导权是发展中国特色社会主义法治理论的内在要求。权利和义务、权力（职权）和职责是法学理论、法治理论最基本的概念，主体享有什么权利（权力）、承担什么义务（职责）是法学思维、法治思维最基本的思路。所以，分析党的领导行为具有怎样的法治理论和实践意义，就需要从法律（而非政治、伦理）意义上的权力概念来理解、解释和规范党的领导行为，即要分析领导权的性质、特征、主体、客体、内容等问题。规范中国共产党的领导行为，要以法治的方式来进行，即要追问领导权的界限何在、法律责任何在等问题。党的领导是中国特色社会主义最本质的特征，也是中国特色社会主义法治道路和法治体系最本质的特征。对党的领导进行法学解读而提出的“领导权”，应是中国特色社会主义法治理论最核心的概念之一，关于党的领导权的理论，应是中国特色社会主义法治理论最基础的内容之一。由于党的领导行为往往会产生宪法意义上的影响和效果，所以，关于领导权的理论必然是中国特色社会主义宪法理论最重要的内容之一。

第三，弄清领导权是建设法治政党、落实依宪治国依宪执政的迫切需要。党的十八届四中全会《全面推进依法治国决定》指出：“坚持依法治国首先要坚持依宪治国，坚持依法执政首先要坚持依宪执政。”依宪治国、依宪执政是中国特色社会主义法治体系的支柱，这是中国特色社会主义法治体系不同于一般意义的法治体系的突出特点。[①] 党的二十大报告进一步强调，“坚持宪法确定的中国共产党领导地位不动摇”。所以，依法治国、依宪治国是针对党的领导行为而言的（相对地，依法执政、依宪执政是针对党的执政行为而言的），其实质就是要求党的领导权要纳入宪法和法律的轨道，党的领导行为要法治化。之所以在提出“依法治国”后又提出“依法执政”，是因为“治国”不同于“执政”，“领导”不同于“执政”。在理论上提出并分析领导权这个概念，有助于在实践中更进一步地区分领导行为与执政行为，更进一步把握依宪治国的要害在于以宪法思维规范党的领导权、依宪执政的关键在于依照宪

① 参见张文显：《全面推进依法治国的伟大纲领——对十八届四中全会精神的认知与解读》，载《法制与社会发展》2015 年第 1 期。

法和党章规范党员领导干部所执掌的国家权力。只有这样，我们才能真正贯彻落实依宪治国和依宪执政的要求。

（二）党的领导权的科学内涵

要分析政党的领导权，首先要弄清楚什么是政党的“领导”，与之相对的概念是什么，进而分析与领导权相对的权力是什么。2002 年，党的十六大报告指出：“我们党已经从一个领导人民为夺取全国政权而奋斗的党，成为一个领导人民掌握着全国政权并长期执政的党。”也就是说，中国共产党已经从单纯的领导党成为兼具领导党和执政党于一身的政党。在这样的双重角色中，党必须注意区分领导活动与执政活动。“领导”对应着“领导权”，那么“执政”是不是对应着“执政权”呢？有不少学者使用“执政权”一语。事实上，根据我国宪法的实际运作，党掌握了领导权，就必然会取得执政地位。而执政地位的核心在于党的代表们担任了国家政权机关的领导职位，其要害在于执掌着国家权力。所以，所谓党的执政权，并不是一种区别于领导权的权力，它确实只是领导权在国家政权范围内的体现。“执政权”这个概念在当代中国容易造成领导与执政的混淆。[①] 对于中国共产党而言，它掌握的权力是领导权和国家权力。“领导”对应着领导权，“执政”对应的不是“执政权”而是国家权力。由此可见，当今我国法治建设的关键问题就在于党的领导权与国家权力的关系。

从一般法理上来讲，政党的领导权是一种社会权力。社会权力的最大特征就是不像国家权力那样具有对全体公民都产生强制性的影响力和支配力的法律效力。政党的领导权也是如此。政党领导权的实效性取决于人民是否信任和拥护这个党，而且就算人民拥护，特定的公民也可以不服从。但在中国特色社会主义制度下，中国共产党的领导权具有不同于普通政党的领导权的

---

① 例如有学者说，党的执政权是一种国家权力，即党所掌握与行使的国家权力，是来源于人民经过法定程序所授予的。参见雷扬：《关于党的领导权的宪政阐释》，载《攀登》2005 年第 5 期。还有学者说，党的执政权仅限于国家权力，包括在立法、行政和司法等方面的工作（参见李小萍：《论党的领导权与执政权——基于宪政的视角》，载《黑龙江社会科学》2007 年第 4 期）。然而，“执政权是一种国家权力”这种说法有歧义，这会让人误以为在我国，除了宪法规定的立法、行政、检察、审判等国家权力之外，还有一种国家权力是党的执政权。而正如下文将要指出的，政党权力在性质上不是国家权力，而是社会权力。

一些特性。从根本上讲，中国共产党的领导权具有实际的控制力和支配力，是来自广大人民群众对党的路线方针政策和工作成绩的认可。由于近现代史上中华民族的特殊遭遇，“历史选择了中国共产党”，中国人民对党领导革命事业所取得的巨大成功的认可，升华为对党领导建设事业将会取得的美好愿景的信任，并通过宪法确认了党的领导地位。

在坚持党的全面领导原则的前提下，可以主要从政治领导权、组织领导权和思想领导权三大板块来解析党的领导权。①

第一是政治领导权，即确定政治方向和政治原则，制定路线、纲领、方针、政策的权力。具体包括：一是修宪建议权，二是立法与国策建议权，三是宪法解释与审查建议权。

第二是组织领导权，即党向国家政权机关推荐重要干部，以及对党员领导干部进行监督的权力。具体包括：一是领导干部提名权，二是执政监督权。

第三是思想领导权，即党向非党员人民群众进行理论宣传工作和思想政治工作的权力。

需注意的是，宪法确认了党的领导权，同时也规定各政党“都必须以宪法为根本的活动准则，并且负有维护宪法尊严、保证宪法实施的职责”。党章也规定：“党必须在宪法和法律的范围内活动。”这意味着，党在行使立法与国策建议权、宪法解释与审查建议权之时，不能提出违背宪法精神和原则的建议；党在行使组织提名权之前，必须充分考虑宪法和选举法等规定的程序合法性对自己提名权构成的约束。这些，就是依宪治国的基本要求。这还意味着，党必须认真审视自己推出的执掌国家权力的党员领导干部是否做到了维护宪法尊严、保证宪法实施。这就是“党要管党，全面从严治党”，认真履行自己的执政监督权。

---

① 党的十二大通过党章规定：“党的领导主要是政治、思想和组织的领导。”党的十六大报告指出：“党的领导主要是政治、思想和组织领导，通过制定大政方针，提出立法建议，推荐重要干部，进行思想宣传，发挥党组织和党员的作用，坚持依法执政，实施党对国家和社会的领导。”从党的十二大党章到党的十八大党章都规定了“党的领导主要是政治、思想和组织的领导。”党的十九大党章删去了这一句，强调“党是领导一切的”。这是完全正确的。不过，还是可以按照政治、思想和组织领导的思路来对党的领导权内容进行类型化解析，党对一切工作和领域的领导，也都需要通过政治领导、思想领导和组织领导这三种基本途径来实现。但必须说明的是，任何一种类型化分析都很难做到外延全覆盖，因此不能误把政治、思想和组织领导当作是党领导的界限。

三、社会主义宪治：依宪执政的中国图景①

（一）围绕“宪政”术语的争论

从20世纪90年代到21世纪初，知识界在讨论宪法实施问题时，逐渐形成了选择“宪政”一词来表达宪法实施的习惯。在此过程中，一些学者对宪政概念进行了深入研究，孙中山式的目标性宪政概念被发展为过程性宪政概念，“社会主义宪政”概念被提出和研究，“自由主义宪政观”“新宪政论”等西方宪政思想也被更多地介绍。“宪政”自20世纪40年代成为中国政治生活的常用术语后，又于21世纪头十年成为中国知识界的“热词”。

知识界在广泛使用“宪政”一词的同时，也对党政文件正式使用该词寄予极大希望。然而，除了时任全国人大常委会委员长的吴邦国同志在两次全国人大常委会工作报告中使用“我国宪政史”的提法之外，正面使用“宪政”一词并未见于中央党政正式文件和中央领导人讲话中。但与此同时，个别学者撰文不仅明确反对“宪政”，而且引用马克思、恩格斯原著论证“社会主义宪政”不成立，使用“宪政”一词等可能扰乱“全面有效实施现行宪法”这一首要宪法共识。

中国的政治文化决定了，官方尤其是执政党中央及其领导人对某个共识的概念化术语的使用或认同，对于最终确立并强化该共识起着关键作用。但“宪政”一词是否能够得到官方认同，从而真正担负起表达“全面有效实施现行宪法”首要共识的重任？尽管我国学者多认为宪政的核心就是宪法的实施，但宪政的含义绝不止于此，与“民主”“法治”“人权”相比，“宪政”是歧义最多的一个术语，现今对它的见解如此两极化，恰好反映出“宪政”一词无法承载宪法共识之困境。刘茂林教授早在十多年前就曾指出，从“宪政”产生的文化来看，它是西方文化的产物，有独特的价值、语境和话语。而在中

① 本部分主要出自本项目研究成员已发表的阶段性成果：蒋清华：《论我国宪法共识及其概念化表达》，载《北大法律信息网文粹（2016）》，北京大学出版社2016年版，第188~199页；蒋清华：《从“宪政”到“宪治”：法治中国的话语更新》，载《北航法学》，中国政法大学出版社2016年版，第131~157页。

国，宪法及其理论已经有了特定语境，且形成了自己的话语体系。[①] 莫纪宏教授在分析了我国当代学者对“宪政”一词的用法后指出，“宪政”概念究竟何指，存在极度混乱的“名相之争”。然而，因为没有基础性的共识“名相”，“宪政”概念的“实相”基本上是公说公有理，婆说婆有理，很难有逻辑上的交集。大家都在谈“宪政”，大家都谈得不一样，无法产生概念上的基本共识，“宪政”已经成为人云亦云的麻烦概念。现在已经难以构建起一个有效的探讨“宪政”问题的学术平台。[②] 在这种情况下，中央党政文件和领导人讲话是否使用“宪政”一词，就是个重大的政治抉择。决策者不得不考虑“宪政”一词在我国历史上有其特定含义，并且与西方自由主义政治哲学及其制度实践存在着历史亲缘和现实瓜葛等因素。可见，尽管很多法学家和政治学家希望继用源于近代中国的“宪政”一词来作为全面有效实施现行宪法这一当代首要宪法共识的概念化表达，但这一主张并未得到政治家们的采纳，故当下我国首要宪法共识的概念化表达依然没有定型。

（二）建议广泛采用“宪治”概念

面对“宪政”之争，王振民教授提出，只要能跳出历史周期率的支配，即便不叫“宪政”也没关系。[③] 莫纪宏教授认为，为不因“宪政”概念上的无谓之争而影响当下的宪法实践，可以在学术上暂时“去宪政”。[④] 那么，在中国特色社会主义政治建设和法治话语体系中，如果没有了饱含意识形态背景和历史包袱的“宪政”一词，还有什么术语可作为“全面有效实施现行宪法”的概念化表达，供党政文件和领导人使用，以巩固和强化宪法共识呢？对此，笔者尝试选用发端于民国的“宪治”一词。

笔者目前暂时未能考证出“宪治”一词最早见于什么文献，据目前掌握

---

① 刘茂林：《中国宪法导论》，北京大学出版社 2005 年版，第 55 页。

② 参见莫纪宏：《宪政的“名”“实”之辩》，载《吉首大学学报（社会科学版）》2013 年第 5 期。

③ “叫不叫‘宪政’其实不是问题的核心，关键是，我们要不要监督制约日益泛滥的权力，要不要从根本上遏制腐败，要不要保障我们自己的人权，要不要实现并维系国家的统一，一句话要不要回答总书记和党中央提出的这个严肃命题，跳出历史周期率的支配，实现长期执政和长治久安。只要能够解决这些问题，即便不叫‘宪政’，也没有关系，我们没有必要在这些名词上去无休无止地争论。”参见王振民：《宪法政治：开万世太平之路》，载《人民论坛·学术前沿》2013 年第 8 期。

④ 参见莫纪宏：《宪政的“名”“实”之辩》，载《吉首大学学报（社会科学版）》2013 年第 5 期。莫纪宏教授在该文中提出可用“依宪治国”概念暂时替换“宪政”。

的资料，“宪治”最迟在民国初年已然出现。例如，中国共产党的主要创始人之一、马克思主义者李大钊同志1916年在《民彝》杂志创刊号上发表的《民彝与政治》一文写道：“……今日民权丕振、宪治普行之世。”笔者推测，“宪治”一词的出现应晚于“宪政”一词，并且在民国时期，由于孙中山以及国民党中央都正面使用“宪政”一词，故人们对“宪治”的使用应少于“宪政”。根据笔者在中国知网查找到的资料，已有不少学者使用了“宪治”一词。[①]综观当代学者对“宪治”的使用和解说，关于宪治与宪政，有两种认识：一是认为宪政又称宪治，二是强调宪治是宪法实施的过程。由于我国学者多认为宪政的核心是宪法实施，宪政的标志是宪法至上，所以，学者们使用的“宪治”概念，与“宪政”的含义非常接近。但作为区别于“宪政”的一个概念，“宪治”更加凸显动态性，它就是指依照宪法所进行的治理，直接指向全面有效实施宪法，内涵清晰简洁无歧义。

简言之，宪治既是治理方式，也是治理过程，还是治理所达致的优良秩序状态。从宪法实施这一核心内涵来看，“宪治”与“宪政”可以互换，这是“宪治”成为当代中国宪法学基本范畴的前提。当然，仅此不够，“宪治”概念至少还具有如下优点，使其能够成为当代中国法治体系和政治文明的基本话语：

第一，“宪治”有利于更好表达“全面有效实施现行宪法”的要义和共识，祛除过时的“宪政目标论”，也有利于消除当下有关“宪政”的分歧。[②]本书主张广泛使用“宪治”一词，就是因为它能够更加直白地表达全面有效实施宪法这一动态的、过程性的含义。

第二，“宪治”有利于积极稳妥地推进政治现代化，消除“宪政至善论”的干扰。“宪政至善论”是“宪政目标论”的一种非理性异变，它对“宪政”

---

① 例如郭道晖、郝铁川、李林、韩大元、王振民、朱福惠、董和平、江国华、华炳啸等知名法学家正面使用过“宪治”一词。

② 之所以产生这样的分歧，一方面是由于孙中山“军政—训政—宪政”思想把“宪政”弄成了一种静态的目标，孙中山撰《国民政府建国大纲》第二十五条指出：“宪法颁布之日，即为宪政告成之时”，另一方面，也因其文字本身所直白表达的静态目标含义很难消除，再一方面是因为“无论从静态的制度层面，还是从动态的社会生活层面，宪政及其理论都不能描述和解释宪法特别是现代宪法及其运行和实施的状态”。参见刘茂林：《中国宪法导论》(第二版)，北京大学出版社2009年版，第55页。

作极端理想化的解说，多是情绪化的表达，宪政被置于不可承受之重的境地，从而带来了理论和实践上的麻烦。例如，有学者指出“宪政理想是民主法治践行者的最高理想”，是“我们党崇高的政治理想”；[①] 甚至有人无限拔高，例如说宪政是“人类社会最高尚的憧憬和最幸福的期盼，是人类社会的理想境界”。[②] 就今日中国“积极稳妥推进政治体制改革”的大势而言，“宪政至善论”无疑是不合时宜的。因而，广泛使用“宪治”一词，可以从字面上有效消除附加在“宪政”身上的神话光环，促使我们踏踏实实地实施现行宪法。

第三，“宪治”有利于避免“宪政”指向政体、政治制度而引发误解和“资”“社”争论。据学者考证，中国近代史上最早定义“宪政”的学者梁启超，是从“立宪政体”的意义上理解宪政的。[③] 后来，胡适将宪政理解为“政治制度的一种方式”。[④] 综观改革开放后中国学者对宪政的界定，将落脚点放在政治制度上面的观点是主流，如宪政是“（民主）政治制度”[⑤]，“（民主）政治形态”[⑥]，“政治体制”[⑦]，“政治组织形态”[⑧]，“政权组织形式”[⑨]，“政治结构体制”[⑩]，等等。由于“宪政”与政治体制、政治制度扯上了关系，

---

① 杨海坤：《宪政是法治的结晶和升华》，载《法学》2008 年第 3 期。

② 司莉：《百姓宪政》，载《中国律师》2002 年第 12 期。

③ 梁启超在 1899 年《各国宪法异同论》一文中首次提出“宪政”是“立宪君主国政体之省称”。20 世纪初期以后，梁启超转向从民主立宪政体角度理解宪政。因为“立宪政体”包括了君主立宪政体和民主立宪政体。参见林来梵、褚宸舸：《中国式“宪政”的概念发展史》，载《政法论坛》2009 年第 3 期。

④ 胡适：《宪政问题》，载《独立评论》1935 年 5 月第 1 卷第 1 号。

⑤ 参见李步云：《宪政与中国》，载宪法比较研究课题组编：《宪法比较研究文集》（第 2 卷），中国法制出版社 1993 年版，第 2 页；张庆福主编：《宪政论丛》（第 1 卷），法律出版社 1998 年版，第 1 页；童之伟：《法权与宪政》，山东人民出版社 2001 年版，第 560 页；邓世豹：《宪政：依法治国的核心》，载《法律科学》2000 年第 4 期；李林、肖君拥：《中国宪法的宪政取向与缺失》，载《法律科学》2003 年第 3 期；杜力夫：《宪政是宪法和民主的统一》，载《法学》2008 年第 3 期；强世功：《中国宪政模式？巴克尔对中国“单一政党宪治国”体制的研究》，载《中外法学》2012 年第 5 期。

⑥ 参见张友渔：《宪法与宪政》（1940），载张友渔：《宪政论丛》（上册），群众出版社 1986 年版，第 100 页；《宪法、宪政、宪政精神》，载《吉林大学社会科学学报》1989 年第 1 期；韩大元：《亚洲立宪主义研究》，中国人民公安大学出版社 1996 年版，第 13 页。

⑦ 参见何勤华：《宪政是社会主义应当继承和发展的普世价值》，载《法学》2008 年第 3 期。

⑧ 参见陈永鸿：《论宪政与政治文明》，人民出版社 2006 年版，第 16 页。

⑨ 参见龚祥瑞：《比较宪法与行政法》，法律出版社 2003 年版，第 5 页。

⑩ 参见范进学：《论宪政的概念》，载《山东大学学报（哲学社会科学版）》2003 年第 1 期。

便产生了政治制度比较的问题，进而产生了政治制度的优劣之争。而全面有效实施宪法是刻不容缓的，更是不容争论的。笔者认为，“宪政”的重心在于“政”，这不可避免地让人首先想到政体、政治制度。“宪治”的重心在于“治”，有利于摆脱西方政治制度的干扰。“宪治”就是强调要依照现行宪法来治理国家和社会，落实现行宪法的制度和精神。这就可以引导人们把关注和讨论的重点放在改进治国理政的方式上来，放在健全宪法实施的监督机制及具体制度上来，而不是对我国的基本政治制度说三道四。如果说政治制度问题总是与姓“社”还是姓“资”问题联系在一起，那么治理方式问题则没有姓“社”姓“资”之别，宪治跟市场经济、法治、人权一样，西方可用，中国亦可用。

第四，“宪治”有利于超越“宪政”囿于政治法、政治权力的局限，更全面反映现代宪法特色。如今的宪法实践已经超出了古典的政治领域，现代宪法治理并非仅针对政治事务和政治权力。韩大元教授认为，不能只强调宪法和国家的关系，而忽视宪法和社会的关系。所谓宪法治理就是把社会生活、社会经济政治文化生活纳入宪法和法治的轨道。[①] 所以，刘茂林教授指出，从宪法学角度看宪政及其理论对应的是近代宪法，即政治法，而不能涵盖现代宪法的全部内涵和内容。[②] 因此，本书主张广泛使用“宪治”一词，它天然地摆脱了“宪政”之“政”的字义局限，拥有更宽广、更与时俱进的涵义。宪治不仅要求依照宪法来治理国家（规范政治生活），而且也要求依照宪法来治理社会（规范经济、文化和社会生活），因而更加全面地反映出现代宪法尤其是社会主义宪法的特色。

第五，“宪治”有利于消除“宪政即限政”的消极内涵，更突出依照宪法来保障和促进民生。按照古典宪政论的观点，宪政就是“限政”，也就是讲有限政府、权力限制。但需注意的是，古典宪政论所讲的限制权力，与我国现在强调的“把权力关进制度的笼子里”，其政治哲学基础是不同的。古典宪政论所依据的自由主义政治哲学对待权力是消极的，它主张“管得最少的政府才是最好的政府”。另外，已有学者指出，我们今天熟知的宪政“限制政府权

① 参见韩大元：《宪法与社会共识：从宪法统治到宪法治理》，载《交大法学》2012 年第 1 期。
② 刘茂林：《中国宪法导论》（第二版），北京大学出版社 2009 年版，第 55 页。

力”的特征也仅仅是宪政在一定历史阶段上的关注点，将西方“宪政”简单地等同于“限政”不符合西方宪政发展的历史事实。[①]我国的政治哲学对待权力是积极的，它要求公权力必须积极地行使，为人民服务；同时，公权力在行使过程中必须合法、公开，要健全权力运行制约和监督体系，保证“权为民所用”、权力行使真正为民谋福祉。党的十七大报告和党的十八大报告均指出“决策权、执行权、监督权既相互制约又相互协调”，党的二十大报告则指出“完善权力监督制约机制，以党内监督为主导，促进各类监督贯通协调，让权力在阳光下运行”，其目的在于“保证国家机关依照法定权限和程序行使职权、履行职责，保证国家机关统一有效组织各项事业”。因此，广泛使用“宪治”一词，有利于消除“限政”的消极影响。宪治主张依照宪法治国理政，我国宪法对教育、医疗卫生、文化、生态环境、就业、社会保障等社会事业和社会权利都有明确规定（这些规范的总和笔者称之为“民生宪法”），而民生宪法的全面有效实施就必然有助于更好地实现民生——这就是以“宪治”来保障和改善民生。

第六，“宪治”便于与现有重要的政治法律话语相衔接。“宪制”“宪治”可与“法制”“法治”相对应。“法治”是“依法治国”的名词化，“宪治”是“依宪治国”的名词化。当“宪治”与“法治”对应使用时，更有助于表达和弘扬宪法至上的理念。另外，有学者提出宪治也是一种思维方式，即要从宪法学的角度来观察世界、发现问题、提出问题、分析问题、解决问题。这一认识在党的十八大报告明确提出“法治思维和法治方式”的背景下，显得尤为重要。“宪治思维和宪治方式”的提出和运用，必将对落实依宪治国、依宪执政产生积极作用。

第七，“宪治”适于在海峡两岸和香港、澳门特别行政区通用，有利于国家政法话语统一。在共和国宪法和“特区基本法”的框架下，“宪政”显然不适合在香港和澳门特别行政区使用。中央主要在涉及港澳事务时使用“宪制”一词，例如《“一国两制”在香港特别行政区的实践》（白皮书，2014 年 6 月）使用了“宪制责任”“宪制基础”“宪制层面”“宪制性法律”等术语。我国台

---

① 参见杨雪瑛：《“宪政”与“限政”——基于西方宪政历史的考察》，载《湖北警官学院学报》2011 年第 4 期。

湾地区当局目前仍使用“宪政”一词，但大陆不予认可。所以，从整合国家政法文化、统一基本政法话语——这是国家统一的重要元素——这个角度看，“宪治”一词最适合在海峡两岸及香港、澳门特别行政区通用。

与“民主”“法治”“人权”相比，“宪政”是歧义最多的一个话语。我们既要旗帜鲜明地反对借提倡“宪政”来主张照搬西方政治制度模式的观点和做法，也要旗帜鲜明地反对借否定“宪政”来拒绝积极借鉴人类政治文明有益成果的观点和做法。

在不继续使用“宪政”一词的背景下，也可以或者说应当提出一个可供参考的备选方案。备选方案应当“既不走封闭僵化的老路、也不走改旗易帜的邪路”，而是走中国特色社会主义宪法治理之路。这条路，目前走得不那么平坦，其根本原因在于现行宪法实施不够。所以，习近平总书记强调“宪法的生命在于实施，宪法的权威也在于实施。我们要坚持不懈抓好宪法实施工作，把全面贯彻实施宪法提高到一个新水平”。[①] 习近平总书记在第十八届中央政治局第四次集体学习时提出要“以法治凝聚改革共识”[②]。而法治的根本在于宪治。党的十九大报告提出“积极稳妥推进政治体制改革”，所谓“稳妥”，就是要把坚持党的领导、人民当家作主、依法治国有机统一到依宪治国和依宪执政上来；所谓“积极”，就是要加快完善宪法实施监督保障机制及具体制度；所谓“继续”，就是要在推动全面有效实施宪法、厉行宪治的过程中，不断改革和完善政治治理。

全面有效实施现行宪法，就是当前法治建设的最大公约数，“宪治”就是当前法治建设的“最大公约词”。广泛使用“宪治”术语，既有政治考量，也有学理依据；既能涵摄“宪政”之良义，又可能获得官方之认同；既继承西方文明有益成果，又彰显中国道路鲜明特色；既有助于巩固改革共识，又有利于优化话语体系，这对于确立中国特色社会主义宪法和政治理论的基本范畴，完善中国特色社会主义法治话语体系，巩固全面有效实施现行宪法的重

---

① 习近平：《在首都各界纪念现行宪法公布施行 30 周年大会上的讲话》，载《人民日报》2012 年 12 月 5 日第 2 版。

② 中共中央文献研究室编：《习近平关于全面依法治国论述摘编》，中央文献出版社 2015 年版，第 110 页。

要共识，强化宪法治理方式的政治意识和公共传播，是一个值得参考的选项。在此意义上，术语的选用问题就不是文字游戏，或许将是当代中国法学和宪法治理大业迈向辉煌的新起点。

第二节 宪法实施和监督的基本观念和要求

从法学理论和各国实践来看，宪法实施和监督有其自身的基本观念和基本要求，这是宪法实践的规律性反映，具有普遍性。本书着重阐述以下三个方面。

一、宪法实施主要是直接实施而非间接实施

国家机关以及其他主体通过哪些途径来实施宪法呢？全国人大常委会法制工作委员会原主任顾昂然同志认为，保证宪法贯彻实施的途径有：（1）加强立法工作，做到有法可依；（2）有法必依，遵守宪法和法律；（3）执法必严，国家机关和国家机关工作人员必须严格依法办事；（4）监督宪法的实施。[①]有学者则认为，宪法实施主要是通过议会（国家立法机关）立法或者构建其他国家机关的途径来实施。[②]从广义的宪法实施概念出发，总结各国宪法制度来看，宪法实施的途径有：通过解释宪法来实施；通过制定符合宪法的法律来实施；行政机关对有关宪法条款的直接执行，法院对宪法的司法适用，专门机关进行合宪性审查，公民提起宪法诉愿，以及国家机关、政党、社会组织等各类主体自觉遵守宪法等。根据我国现行宪法，我国宪法实施的途径是宪法解释、立法实施、行政执行以及宪法遵守。这些途径都属于宪法的“直接实施”。相对于宪法的直接实施，对那些依照宪法所立之法律或行政决定的实施，被称为宪法的间接实施，其本质是法律实施。如有教科书提到，

① 顾昂然：《宪法是治国安邦的总章程》，载顾昂然、乔晓阳主编：《党政干部宪法教育读本》，中共中央党校出版社 2003 年版，第 24~29 页。

② 马岭：《宪法原理解读》，山东人民出版社 2007 年版，第 405~406 页。

法律实施是宪法实施的重要环节，法律得到实施，便意味着通过法律得到具体化的宪法实质上也得到了实施。[①] 笔者认为，法律实施不等于宪法实施。谈论宪法实施，应该更加注重于宪法的直接实施。宪法是根本法，不应该混淆宪法实施与法律实施，而必须明确宪法实施自身的特性。强调宪法实施主要是直接实施而非间接实施的实践意义在于提醒我们：不能因为已经形成了法律体系，就认为宪法实施可以通过法律实施来实现，从而疏于怠于进行宪法解释、行政执行、宪法遵守等其他对宪法进行直接实施的活动，进而有损宪法的全面有效实施。

二、违宪一般是指违反宪法典而不含宪法性法律

宪法实施强调的是过程，主要是一个中性的概念。宪法实施的结果并不一定总能符合宪法的精神、原则或者规则。所以，宪法实施不等于宪法实现，宪法实施的后果可能是宪法实现，也可能是违宪。违宪是指违反宪法，包括违反宪法的规定、原则和精神。[②] 有学者认为，违宪也包括违反宪法性法律，[③] 因为与宪法性法律相抵触，在一般情况下就会与宪法相抵触。但也有学者提出，如果宪法并未规定宪法性法律的位阶高于其他法律，那么，违反宪法性法律也只属于违法而非违宪。[④] 还有学者认为，违宪审查的依据只能是法典意义上的宪法，倘若某国家机关制定的抽象规范或具体决定系依据其对法律的解释而形成，对其进行的审查便属于违法审查，哪怕其违反的是

---

① 《宪法学》编写组：《宪法学》，高等教育出版社、人民出版社 2011 年版，第 296 页。

② 胡锦光、韩大元：《中国宪法》（第二版），法律出版社 2007 年版，第 144 页。

③ 宪法性法律是法学界惯用的一个术语。大概是由于我国还存在一些直接依据宪法制定的行政法规，所以《中国特色社会主义法律体系》（白皮书）没有使用“宪法性法律”，而是使用“宪法相关法”的概念。白皮书指出：“宪法相关法是指与宪法相配套、直接保障宪法实施和国家政权运作等方面的法律规范，调整国家政治关系，主要包括国家机构的产生、组织、职权和基本工作原则方面的法律，民族区域自治制度、特别行政区制度、基层群众自治制度方面的法律，维护国家主权、领土完整、国家安全、国家标志象征方面的法律，保障公民基本政治权利方面的法律。”但也有一些学者指出“宪法相关法”的提法并不科学，应改成“宪法直接相关法”。参见江必新主编：《中国法律实施报告（2013）》，法律出版社 2014 年版，第 9 页。

④ 参见马岭：《宪法原理解读》，山东人民出版社 2007 年版，第 376~378 页。该书作者指出，根据我国宪法和立法法，我国并不区分宪法性法律与非宪法性法律的位阶，而是区分基本法律与非基本法律的位阶。

宪法性法律。对中国而言，混淆违法审查与违宪审查的理论极为有害，将不利于这两种制度的改革完善。[①] 笔者倾向于认为，正如宪法实施与法律实施不能混淆一样，违宪与违法也不能混淆。在成文宪法国家，实施宪法一般仅指实施宪法典，那么，违反宪法就一般仅指违反宪法典（但可以包括宪法惯例、宪法习惯）。如果某一规范性文件或者公权行为直接抵触的是宪法性法律的具体规定，并且作出相抵触的认定也不需要进行宪法解释，这种情况不宜认定为违宪。这不仅仅是因为宪法性法律从性质上讲是法律而非宪法，更为根本的理论和实践依据在于国家法律体系的运作机制：宪法并非普通法律，宪法是根本法，是“法律的法律”，是“高级法”（higher law），它必须靠大量的合宪性法律来得到落实。在一个法律体系完善和法制健全的国家，宪法并不会轻易出场。一旦有法律对宪法的规定作了具体化，而且法律规定未与宪法相抵触，那么就应适用这些合宪的法律来处理纠纷，而不能越过法律，直接适用宪法来处理。这是由宪法的根本法地位和最高法律效力的位阶所决定的。强调违宪一般是指违反宪法典而不包括宪法性法律的实践意义在于提醒我们：不应轻言“违宪”，如果不适当地将法律问题泛宪法化，将会给民众造成一种宪法常被违反、宪治秩序常受挑战的错误印象，这样反而不利于宪法权威的树立、宪法信仰的养成。也因此，并不是一般的国家机关及其领导成员就可以成为违宪主体，违宪主体往往只是中央国家机关、执政党的中央组织或者其领导成员。这实际上就提醒了我们，谁是宪法监督的重点对象。

三、宪法监督主要是指法律性的监督制度

宪法实施的监督（简称宪法监督），是对宪法实施的一种保障。[②] 如前所述，宪法实施结果的可能之一是违宪，所以需要对宪法实施进行监督。宪法

---

① 参见秦前红、叶海波：《社会主义宪政研究》，山东人民出版社 2008 年版，第 397~398 页。

② 应注意的是，宪法保障制度不仅包括宪法监督，还包括修宪限制，即一些国家的宪法自身明文规定涉及宪法基本原则、国体、政体等内容不得修改，有的国家宪法还对修宪时间也作出限制。可详见邓联繁主编：《宪法学》（第二版），中南大学出版社 2012 年版，第 70~72 页。

监督也有广义和狭义两种理解，其核心区别在于监督主体。从广义上讲，每一个普通的公民都可以监督有关主体实施宪法的行为，但问题在于普通公民的这种监督只属于“发现问题”“反映问题”而不能“调查问题”“解决问题”，何况，普通的公民往往缺乏必需的条件来监督。所以，从狭义上讲，或者说从严格意义上讲，宪法监督只能是指一种特殊的监督活动，即具有法定监督权的主体所进行的监督。[①]换言之，宪法监督是指宪法或者有关法律规定的有权机关依照法定程序判断和处理宪法实施行为是否合宪的专门活动。这就是说，宪法监督主体是法定的，而不是任意的；宪法监督行为是一种法律行为，而不是政治行为或者社会行为；宪法监督的决定具有法律效力，受监督主体必须服从。所以，就算宪法监督可以且有时候也需要从广义来理解，也必须明确其主要的监督机制是法律机制。从根本上讲，这是由宪法的法律属性所决定的。宪法虽然具有很强的政治性，虽然是根本法，但它仍然是法，必须以法律的手段和方式来解决其自身运行过程中出现的问题。强调严格意义上的宪法监督概念的实践意义在于提醒我们：宪法监督绝不能泛泛而谈，而必须用法的理念和方式来为宪法实施保驾护航。所以，宪法监督必须落实为某种具体的、明确的法定权限和程序的法律制度，否则将导致宪法监督缺少权威性和实效性，从而不利于宪法的全面有效实施。

第三节　党的领导权和国家权力依宪运行的完善思路

一、进一步改善党的领导权制度

（一）牢固树立依宪治国[②]

法治中国，首先是宪治中国。党的领导、人民当家作主、依法治国有机

---

① 参见许崇德主编：《宪法》，中国人民大学出版社 1999 年版，第 38 页。

② 本部分主要出自本项目研究成员已发表的阶段性成果：陈云良：《健全宪法实施和监督制度：坚持依宪执政的抓手》，载《中国社会科学报》2014 年 11 月 26 日第 6 版。

统一的根本依据是现行宪法，基本途径是厉行宪治。加快建设法治中国，需要我们牢固确立依宪治国。我们党从领导人民为夺取全国政权而奋斗的党，成为领导人民掌握全国政权并长期执政的党已经70余年。新形势下，党要更加自觉地恪守宪法原则、弘扬宪法精神、履行宪法使命，切实肩负起现行宪法确认的领导全国各族人民建设社会主义现代化强国的历史责任。现行宪法是推进各项改革的最大公约数，党要坚定维护宪法权威，[①] 善于用宪法来凝聚共识、增进团结，带领全国各族人民沿着现行宪法确立的中国特色社会主义道路前进，根据现行宪法确立的国家制度和社会制度的基本框架，开展各项改革和建设，推进国家治理体系和治理能力现代化。不能背离现行宪法确立的国家制度和社会制度的基本框架搞改革，否则就是对宪法最大的违反和破坏。现行宪法确认了党对国家和社会的领导权。党依照宪法和有关法律程序取得执政地位。党的领导地位和执政地位都不是与生俱来的，也不是一劳永逸的。我们党要长期执政，归根到底取决于党的领导地位的确保。在实现“两个一百年”奋斗目标的征程中，保证党的领导地位，不仅要以科学的路线方针政策始终引领人民，还必须改善党的领导体制、提高党的领导水平，规范党的领导权的行使，这是推进国家治理体系和治理能力现代化的首要任务。我们建议，应适时将“依宪治国”“依宪执政”载入党章，使其成为党领导和执政的根本准则。

（二）扩大民主：为领导权的正当性提供资源

如前所述，党的领导之所以具有宪法地位，领导权之所以具有宪法效力，其正当性来源于党是人民主权的政治代表，而党成为人民主权的政治代表的条件是党必须始终代表人民的利益。这是党保持领导地位和执政地位、维护现行宪法秩序的根本问题。

1956年邓小平同志在党的八大上作《关于修改党的章程的报告》，明确提出了中国共产党已经是“执政的党”[②]，并指出执政党的地位使党面临新的考验，党必须经常进行反对主观主义、官僚主义和宗派主义的斗争，经常警戒

① 蒋安杰：《加快法治中国建设与国家治理现代化——专访“加快建设法治中国若干建议”课题组核心成员陈云良教授》，载《法制日报》2014年7月16日第9版。

② 邓小平：《中国共产党章程——关于修改党的章程的报告》，人民出版社1956年版，第8页。

脱离实际和脱离群众的危险，这就需要党内和党外的监督，其关键在于发展党和国家的民主生活，发扬理论和实践相结合的作风，和人民群众紧密地联系在一起的作风以及自我批评的作风。[①]1957年他又在《共产党要接受监督》中指出，“在中国来说，谁有资格犯大错误？就是中国共产党。犯了错误影响也最大……宪法上规定了党的领导，党要领导得好，就要不断地克服主观主义、官僚主义、宗派主义，就要受监督，就要扩大党和国家的民主生活……所谓监督来自三个方面……党的监督……群众的监督……民主党派和无党派民主人士的监督”。[②]的确，要巩固党的领导、提高领导水平，根本方法是民主，因为党的领导权从根本上讲是来自党的主张忠实地代表了人民的利益，得到了人民的信赖、拥护和追随。

具体来说，例如党的修宪建议、立法与国策建议等，在目前实际上是“决议”，而不是一种可接受可不接受的“建议”。着眼未来，党的这些建议不仅需要经过更广泛的党内民主和协商民主的生成过程，而且还需要经过中国民主的最高实现形式——全国人大的实体性审议。党要保证自己“始终代表”最广大人民的利益，保持现行宪法制度所确认的主权之政治代表的地位，就必须扩大民主——包括党内民主和人民民主、选举民主和协商民主、参与民主和自治民主、经济民主和政治民主，等等。“人民民主是社会主义的生命”，“中国共产党的领导，就是支持和保证人民实现当家作主”。[③]只有扩大民主，才能将党的领导权的历史正当性不断延续下去。

（三）依宪治国：处理好领导权与国家权力的关系

邓小平同志早在抗日根据地政权时期就提出了这个问题。1941年，他发表《党与抗日民主政权》指出：“党的指导机关只有命令政府中党团和党员的权力，只有于必要时用党的名义向政府提出建议的权力，绝对没有命令政府的权力。”“‘以党治国’的国民党遗毒，是麻痹党、腐化党、破坏党、使党脱

① 参见《邓小平文选》（第1卷），人民出版社1994年版，第214~215页。

② 参见《邓小平文选》（第1卷），人民出版社1994年版，第270~271页。

③ 习近平：《在庆祝全国人民代表大会成立60周年大会上的讲话》，载《人民日报》2014年9月6日第2版。

离群众的最有效的办法。”[①]1951年，董必武同志在《论加强人民代表会议的工作》中指出，无论在什么情况下都不应把党的机关的职能和国家机关的职能混同起来，党不能因领导政权就包办代替政权机关的工作，也不能因领导政权而取消党组织本身的职能。[②]1956年邓小平在党的八大《关于修改党的章程的报告》中提出：“这当然不是说，党可以直接去指挥国家机关的工作，或者是把各种纯粹行政性质的问题提到党内来讨论，混淆党的工作和国家机关工作所应有的界限。”[③]后来，上述探索被“以党代政”的错误指导思想打断。改革开放之后，又开始以“党政分开”的思路来尝试处理领导与执政的区别问题。[④]但实践证明，“党政分开”并不利于坚持和改善党的领导，不利于党领导人民完成历史使命。

在党的领导下，要围绕国家治理体系和治理能力现代化的目标来实行党政职能分工，而不能实行党政分开。我们要在这个前提下来研究处理党的领导权与国家权力的关系，真正实现党的领导、人民当家作主和依法治国有机统一。这也是推进国家治理体系和治理能力现代化的战略性任务。办好中国的事情，关键在党。保证宪法全面有效实施，关键也在党。中国共产党十八届四中全会《全面推进依法治国决定》强调了依宪治国和依宪执政，我们应结合党的十八届四中全会精神，深入研究如何依宪完善党的领导体制、改进党的执政方式。

党的十八届四中全会《全面推进依法治国决定》指出：“必须坚持党领导立法、保证执法、支持司法、带头守法，把依法治国基本方略同依法执政基本方式统一起来，把党总揽全局、协调各方同人大、政府、政协、审判机关、检察机关依法依章程履行职能、开展工作统一起来，把党领导人民制定和实施宪法法律同党坚持在宪法法律范围内活动统一起来，善于使党的主张通过

---

① 中共中央文献研究室、中央档案馆编：《建党以来重要文献选编（1921~1949）（第十八册）》，中央文献出版社2011年版，第208页。

② 参见《董必武选集》，人民出版社1985年版，第308页。

③ 邓小平：《中国共产党章程——关于修改党的章程的报告》，人民出版社1956年版，第54页。

④ 推进党政分开的改革是党的十三大的核心议题。党的十三大报告指出：“政治体制改革的关键首先是党政分开。”

法定程序成为国家意志，善于使党组织推荐的人选通过法定程序成为国家政权机关的领导人员，善于通过国家政权机关实施党对国家和社会的领导，善于运用民主集中制原则维护中央权威、维护全党全国团结统一。”[①]这段论述提出的“三统一”“四善于”，是加强和改进党的领导和执政的最新纲领，蕴含着丰富的中国特色社会主义宪法理论，值得深入分析研究。

笔者认为，《全面推进依法治国决定》提出的“三统一”和“四善于”，实际上建立在区别党的领导职能与执政职能的基础之上。[②]统一不是同一，正因为有不同，所以才需要统一。长期以来，我们自觉或不自觉地把领导权与国家权力混同起来，一方面，把人民对国家权力的服从义务扩大、泛化为对领导权的服从，而懈怠党对人民的引导、示范、说服、组织工作，将领导活动简单地转变为由国家权力去强制推行，导致脱离群众、背离群众；另一方面，将领导权泛化，以党的机构去直接行使国家机关才能行使的权力，从而造成“党政不分”“党不管党”，使党不能总揽全局、协调各方、驾驭矛盾，导致党处于行政工作第一线，成为矛盾的一个方面甚至处在矛盾的焦点上。其结局是：损害党的群众基础，影响党的领导地位，进而动摇党的执政根基。因此，必须认真研究党的领导权与国家权力的不同性质和范围，进一步理顺党和国家政权机关的关系，依照宪法精神规范完善党的领导体制和执政方式。习近平同志指出：“党中央作出的决策部署，党的组织、宣传、统战、政法等部门要贯彻落实，人大、政府、政协、法院、检察院的党组织要贯彻落实，事业单位、人民团体等的党组织也要贯彻落实，党组织要发挥作用。”[③]很明显，我们不是直接把国家机关、事业单位等当作党组织的内设下属部门，直接要求它们贯彻落实党中央决策部署，而是强调设在这些机关和单位的党组织要发挥领导作用。

同时，还要注意不能以行使国家权力来代替行使领导权。党的领导权不

---

① 《中共中央关于全面推进依法治国若干重大问题的决定》，载《人民日报》2014 年 10 月 29 日第 1 版。

② 关于党的领导与执政的区别，可参见张恒山：《中国共产党的领导与执政辨析》，载《中国社会科学》2004 年第 1 期。

③ 中共中央党史和文献研究院编：《习近平关于依规治党论述摘编》，中央文献出版社 2022 年版，第 23~24 页。

是直接针对公民的权力，所以党必须坚持群众路线，切不可因自己的主张转化成国家意志从而对公民具有强制力，就放弃对公民进行宣传、引导和示范工作，这样势必会削弱党的领导。

（四）完善党规：以党章和党内基本法规规范领导权

2018 年 8 月 24 日，在中央全面依法治国委员会第一次会议上，习近平同志提出“继续推进党的领导制度化、法治化”[①] 的重大任务。法治的重心在于控权。全面从严治党，治的也是权。既然党的领导权具有宪法效力，那就同样需要有规范和制约。但是否就如有学者所主张的那样，要在《宪法》中明确规定党的领导权的具体内容和行使程序呢？[②] 对此，宋功德教授认为，宪法一揽子授予党以领导权，但未就党如何行使领导权作出具体规定，这种刻意“留白”可视为宪法授权党通过制定党规等方式去规范领导权，而不应由身为领导对象的国家政权机关来立法规定党应当如何去领导它，否则就是“以下定上”，不合逻辑。[③] 同时，要全面推进依法治国，党的领导权必须有成文规范，所以，必须以党章和党内基本法规来予以规范。

对此，在《中央党内法规制定工作五年规划纲要（2013—2017 年）》的部署下，出台了《中国共产党党组工作条例（试行）》《中国共产党统一战线工作条例（试行）》，修改了《关于加强党对国家立法工作领导的若干意见》等党的领导法规。《中央党内法规制定第二个五年规划》进一步提出，要完善党的领导法规，重点制定中国共产党重大事项请示报告条例，完善党中央领导全面深化改革工作、经济工作、法治工作等方面的规定，先后出台《中国共产党农村工作条例》《中国共产党宣传工作条例》《中国共产党组织工作条例》《中国共产党政法工作条例》《中国共产党机构编制工作条例》《中国共产党领导外事工作条例》等党内法规；修订《中国共产党统一战线工作条例》《中国人民解放军政治工作条例》等党内法规。《中央党内法规制定工作规划纲要（2023—2027 年）》强调“完善党的领导制度体系、健全全面从严治党

① 习近平：《在中央全面依法治国委员会第一次会议上的讲话》，载习近平：《论坚持全面依法治国》，中央文献出版社 2020 年版，第 223 页。

② 参见匡克：《论法治国家与党的领导法治化》，载《社会科学》1999 年第 7 期。该文的论证思路是，领导权是一种国家权力。既然是国家权力，就应当在宪法中明确规定其内容和程序。

③ 参见宋功德：《党规之治》，法律出版社 2015 年版，第 474~475 页。

体系，基础在规”，“将党中央决策部署及时转化为法律法规，推进党的领导入法入规”是提高党的领导法治化水平的重要原则。

习近平总书记提出“执政党对资源的支配权力很大，应该有一个权力清单”，[①]那么最根本的“党权清单”就是党的领导权清单，而且应以党章来明示。所以，我们建议，第一，应把“依宪治国”“依宪执政”载入党章，明确规定各级党委作出违宪决策的责任追究制度。第二，研究在党章中明确规定党的领导权的具体内容和权限范围，明确规定党的领导权的行使方式和程序，既不以行使国家权力来代替行使领导权，也不以行使领导权来代替行使国家权力，使领导权与国家权力分工协调，实现党要管党、从严治党，总揽全局、协调各方。第三，由中央统一制定地方党委、各类事业单位与国有企业党委议事规则，详细规定集体议事决策的事项、程序、决策公开、责任追究等，以保证党委依法科学决策。第四，加强宪法教育，把运用宪法思维与宪法方式的能力和水平作为领导干部尤其是高级领导干部选拔任用的一项重要考察内容。对于党的领导干部干预司法活动、插手具体案件实行严厉的党内责任追究。

二、加强我国宪法实施和监督的具体举措

2018年《宪法修正案》正式设立了全国人大宪法和法律委员会。根据党的十九届三中全会精神和全国人大常委会的决定，宪法和法律委员会在继续承担统一审议法律草案等工作的基础上，增加推动宪法实施、开展宪法解释、推进合宪性审查、加强宪法监督、配合宪法宣传等工作职责。可以说，宪法和法律委员会的成立，在解决我国宪法监督长期缺乏一个具体承担相应工作，且具有较高政治法律地位的机构问题上，迈出了一大步。接下来需要加强的工作是与宪法监督相关的规则和程序制度建设。

（一）健全宪法解释程序机制

宪法解释是宪法实施和宪法监督的重要途径。党的十八届四中全会《全

① 《习近平关于党风廉政建设和反腐败斗争论述摘编》，中央文献出版社、中国方正出版社2015年版，第129页。

面推进依法治国决定》指出："健全宪法解释程序机制"。1954 年《宪法》没有规定宪法解释，现行宪法第 67 条赋予了全国人大常委会解释宪法的职权。韩大元教授认为，宪法解释是护宪者神圣而不可推卸的使命。社会转型时期加强宪法解释有助于：协调与平衡多元的价值；更有说服力地解决冲突；建立社会的核心价值体系，为形成社会最低限度的价值体系提供条件；在全社会普及宪法知识，推动宪法规范的社会化；等等。[①] 中国共产党中央及领导人多次指出要做好宪法解释工作。[②] 我国宪法确实存在一些需要解释的条款，[③] 但正式的宪法解释尚未开展。对此，有学者分析认为，我国缺乏一套比较完整的宪法解释的程序，使释宪机关不能很好地去操作，从而造成对这项工作的怠懒。[④] 笔者认为，为了落实《全面推进依法治国决定》的要求，全国人大常委会应尽快在党中央领导下制定《宪法解释工作程序（试行）》，明确规定提请宪法解释的原则、主体、事由、条件、形式、受理、审议、通过、公布、效力等事项。并且，要充分发挥党的领导作用，全国人大常委会党组要督促常委会切实履行好解释宪法的职权，及时对宪法实施中的问题作出必要的解释和说明。

目前，国内由韩大元教授领衔的研究团队已拿出《〈中华人民共和国宪法解释程序法（专家建议稿）〉及其说明》，共 24 条，分设七章：总则、宪法解释的主体与事由、宪法解释请求的提起、宪法解释请求的受理、宪法解释案的起草与审议、宪法解释的通过与效力、附则。[⑤] 这为国家制定"宪法解释程序法"提供了很好的理论准备。

---

① 参见韩大元：《〈宪法解释程序法〉的意义、思路与框架》，载《浙江社会科学》2009 年第 9 期。

② 中共中央在几次关于修改宪法部分内容的建议的说明中都指出，可以通过宪法解释予以明确的内容不修改。乔石同志、胡锦涛同志分别在纪念宪法颁行 10 周年、20 周年讲话中提出，全国人大常委会要切实履行解释宪法的职能，使宪法的规定更好地得到落实。

③ 例如，《宪法》第十三条第三款规定的"国家为了公共利益的需要"可依法对征收或征用私有财产并给予补偿，这里的"公共利益"的内涵和外延是什么。这些关涉宪法实施和监督的重大问题，应当通过宪法解释予以明确。

④ 参见唐杏湘：《论我国制定〈宪法解释程序法〉的必要性》，载《社会科学论坛》2005 年第 5 期。

⑤ 参见韩大元、张翔等：《宪法解释程序研究》，中国人民大学出版社 2016 年版。

（二）建议制定《合宪性审查工作程序》

完善宪法监督制度，是推进国家治理体系和治理能力现代化的重要内容，是建设法治中国的基础性工作。2002 年纪念宪法颁行 20 周年时，胡锦涛同志提出“抓紧研究和健全”宪法监督机制，到 2012 年纪念宪法颁行 30 周年时，习近平同志则明确强调“健全”宪法监督机制和程序。从“抓紧研究和健全”到“健全”这一变化说明了党中央对健全宪法监督制度的决心。因此，党的十八届三中全会《全面深化改革的决定》提出“进一步健全”宪法实施监督机制和程序。党的十八届四中全会《全面推进依法治国决定》提出：“完善全国人大及其常委会宪法监督制度”，“加强备案审查制度和能力建设，把所有规范性文件纳入备案审查范围，依法撤销和纠正违宪违法的规范性文件，禁止地方制发带有立法性质的文件”。党的十九大报告提出“加强宪法实施和监督，推进合宪性审查工作，维护宪法权威”。党的二十大报告提出：“加强宪法实施和监督，健全保证宪法全面实施的制度体系，更好发挥宪法在治国理政中的重要作用，维护党法权威。”笔者认为，为了落实党中央上述要求，全国人大常委会应尽快制定《合宪性审查工作程序》，明确规定进行宪法监督的原则、事由、条件、受理、审议、通过、公布等事项，整合完善现有的法律法规备案审查制度，确定全国人大与全国人大常委会各自的宪法监督权限等。

值得指出的是，我国《立法法》规定的备案审查制度是中国特色的立法监督制度，其中包含了合宪性审查与合法性审查两大内容。第十三届全国人大宪法和法律委员会副主任委员沈春耀在《全国人民代表大会常务委员会法制工作委员会关于十二届全国人大以来暨 2017 年备案审查工作情况的报告》中指出“加强备案审查工作是完善宪法监督制度的重要着力点”。尽管如此，合宪性审查与合法性审查毕竟还是两种制度，各有其特殊的要求。就目前来看，正在起草的《备案审查工作规定》将对合宪性审查的启动条件、审查方式和结论作出等内容作出明确规定。这也是推进合宪性审查工作的重要举措。我们建议在将来，以《备案审查工作规定》中关于合宪性审查工作的规定及其实施经验为基础，出台专门的《合宪性审查工作程序》，首先作为全国人大常委会的内部议事规则，待成熟之后，上升为国家法律——“合宪性审查程序法”或者“宪法监督法”。

（三）改善宪法宣传教育工作

一方面，要丰富宪法宣传教育的形式。近年来，我国采取了纪念大会、群众和专家座谈会、资料发放、知识竞赛、职工学习考核、制作电视纪录片、制作专题网站等形式开展宪法宣传教育。今后，除了要继续坚持这些形式之外，还需要运用以下两种国际通行的宪法宣传教育形式：一是兴建宪法建筑物。很多国家为了纪念宪法颁行、加强宪法教育，建设了宪法纪念馆（碑）、宪法博物馆，以及以“宪法”命名街道，在建筑物上镌刻宪法条文或者与宪法有关的名句、肖像等。例如，在美国费城有国家宪法中心（National Constitution Center of the United States，NCC），华盛顿有宪法大道，在日本东京有宪政纪念馆，在西班牙加迪斯有宪法纪念碑，法国巴黎许多建筑物的门面上有“无宪法，毋宁死”的标语牌……如今，我国已在杭州建成了五四宪法历史资料陈列馆。笔者认为，中央政府和有关地方政府还可以考虑兴建一些宪法建筑物，例如在北京可以建设一所全国性的宪法中心（宪法博物馆）；各地的人大、政府等办公楼墙面或者附近建筑物上，可以镌刻重要宪法条文；等等。二是制作宪法纪念品。宪法建筑物太大，可参观却无法拥有。所以，各国通过设计各式各样的宪法纪念品，让公民可以使用、收藏。在宪法纪念品方面，我国已有所作为，例如多次发行宪法纪念邮票、首日封，“宪法颁布十周年纪念币”等。我们设想，还可设计宪法明信片、钥匙吊坠、模型等，继续发行宪法纪念硬币、邮票，还可考虑在纸币上印刷宪法文本图案。

另一方面，完善宪法宣传教育的内容。在宪法宣传教育的内容方面，我们还需要不断深化、拓展：一是，不仅要宣传教育宪法知识，还要宣传教育宪法理论。对于中小学生的宪法教育，应是基本的宪法常识、知识，而对于大学生、党政领导干部，则应增加宪法理论的有关内容，并介绍国外典型的宪法制度和案例等，以深化对宪法现象及其实践规律的认识。二是，不仅要宣传教育宪法条文，还要宣传教育宪法理念。宪法理念是宪法的灵魂，我们要加强关于宪法理念的宣传教育。例如，要讲清楚宪法为什么是人类政治文明的一大创举，讲清楚各国宪法为什么都奉行民主、法治和人权的基本原则，讲清楚宪法为什么是“人权保障书”，讲清楚宪法为什么既是授权的根本法又是控权的根本法，等等。三是，不仅要宣传教育宪法遵守，还要宣传教育宪法监督。宪法的主要法律属性是公法，规范的是国家权力，普通公民不存在违宪问题。所以，要区分不同的受众，有针对性地确定教育内容。对于普通公民而言，宪法宣传教育的重点不应是遵守宪法，而应是监督宪法的实施；对于公职人员特别是党政领导而言，教育重点则既包括遵守宪法，也包括监督宪法的实施。

三、推进依宪执政、加强宪法实施需要注意的几个问题

宪法实施是宏伟事业，是系统工程，更是点滴具体的宪治实践，离不开具体的世情国情民情。总的来说，我国宪法实施是中国特色社会主义事业的有机组成部分，所以，要坚持走中国道路。同时，中国是世界的中国，大国复兴必然包含着对世界秩序和人类文明作出贡献之义，所以，我们要通过全面有效实施宪法，促进国家政治文明不断进步，助推国家治理现代化不断提升，保障全体公民合法权益和幸福生活。

（一）以现行宪法为基准来推动宪法实施

中国共产党十八届四中全会《全面推进依法治国决定》指出："中国特色社会主义道路、理论体系、制度是全面推进依法治国的根本遵循。"监督宪法的实施不能在宪法之外寻求监督途径。宪法实施和监督制度的健全，必须在现行宪法确立的体制框架之内进行，而不能违背现行宪法确立的根本政治制度。例如，不能搞"宪法司法化"。宪法明确规定宪法解释权归全国人大常委会，法院没有宪法解释权，自然就没有宪法适用权。而且，《宪法》第 131 条规定法院"依照法律"独立行使审判权，这里的"法律"是指狭义的法律，不包括宪法；宪法和法院组织法排除了法院对宪法案件的管辖权。[①] 在现行宪法框架内健全宪法监督制度，并不等于就没有改革创新的空间。事实上，学者们提出的制定《宪法解释程序法》以推动并规范宪法解释行为；建立"合

---

① 有关论证可参见许崇德、郑贤君：《"宪法司法化"是宪法学的理论误区》，载《法学家》2001 年第 6 期；童之伟：《宪法司法适用研究中的几个问题》，载《法学》2001 年第 11 期；强世功：《宪法司法化的悖论》，载《中国社会科学》2003 年第 2 期；童之伟：《宪法司法适用应依循宪法本身规定的路径》，载《中国法学》2008 年第 6 期。当然，学界对《宪法》第 131 条中"依照法律"的理解是存在很大分歧的。

宪性审查优先移送机制”，推动法院系统通过最高人民法院向全国人大常委会提起对法律法规进行宪法审查；[①]在普通司法审判中确立合宪性解释的机制，既可避开“法院不得行使宪法解释权”的禁区，又可实现宪法对一般部门法适用的规范作用，[②]如此等等，都是近期即可采纳的建议。

（二）以智慧及勇敢的抉择来推动宪法实施

现行《宪法》实施的头十年，彭真同志强调有关国家机关自查自纠违宪问题，而不主张用公开冲突、事后由其他机关监督纠正的方式来处理。据学者分析，采取这一指导思想有三个方面的原因：一是现实中违宪的问题“不很少”，全由全国人大及其常委会来监督处理，可能不堪重负；二是我国的政治伦理与西方不同，国家机关之间不尚冲突和争斗，遇事注重通过沟通和协商来解决；三是我国缺乏法治传统，不适宜一下子采取过硬的办法处理违宪问题。[③]应当说，上述考虑有一定的历史合理性，但在新的历史条件下，应当有所改变。监督宪法的实施是宪法赋予全国人大及其常委会的神圣职责，不能因“不堪重负”而怠于行使。法治传统恰恰是需要正反两方面的法治实践来积累的，软的办法和硬的办法都是必要的，如果自查自纠总是可靠的话，也就不需要宪法监督制度了。也许最主要的因素在于政治伦理问题。国家机关之间讲究沟通不尚冲突源于我国传统的“和文化”，这固然是宝贵的财富，但在宪法实施这样的大是大非问题面前，不能一味地讲究“和谐”。

如今，我国合宪性审查和宪法监督已有了一定的机构和程序作为基础，关键在于尽快“亮剑”。全国人大及其常委会应当更加积极地履行宪法职责，在监督宪法的实施方面，不仅要有作为，而且要以公众看得见的方式来作为，否则，民众将会不理解，从而有损宪法权威。正如习近平同志所讲：“提出改革举措当然要慎重，要反复研究、反复论证，但也不能因此就谨小慎微、裹足不前，什么也不敢干、不敢试。搞改革，现有的工作格局和体制运行不可能一点都不打破，不可能都是四平八稳、没有任何风险。只要经过了充分论

---

① 参见林来梵：《转型期宪法的实施形态》，载《比较法研究》2014 年第 4 期。

② 参见张翔：《两种宪法案件——从合宪性解释看宪法对司法的可能影响》，载《中国法学》2008 年第 4 期；郑磊：《制度层面的合宪性限定解释》，载《浙江社会科学》2010 年第 1 期等。

③ 参见刘松山：《彭真与宪法监督》，载《华东政法大学学报》2011 年第 5 期。

证和评估，只要是符合实际、必须做的，该干的还是要大胆干。”[①]制度建设不是一劳永逸的，而是逐步完善的。不迈出第一步，制度就永远也立不起来。[②]要落实党的二十届三中全会《中共中央关于进一步全面深化改革 推进中国式现代化》所提出的“完善合宪性审查、备案审查制度，提高立法质量”的改革要求，一方面不断健全宪法监督制度，另一方面瞄准时机、抓住典型，对于人民群众反映强烈，严重有损人权、民主、法治的违宪违法法规，明确以宣布违宪违法的方式予以纠正，以人民看得见的方式坚定地维护宪法权威。

---

① 习近平:《关于〈中共中央关于全面深化改革若干重大问题的决定〉的说明》，载《求是》2013年第22期。

② 江必新等:《国家治理现代化——十八届三中全会〈决定〉重大问题研究》，中国法制出版社2014年版，第206页。

◉ 第三章 ◉

法治中国建设的主体工程
——行政法治与公正司法

党的十九大报告作出了“中国特色社会主义进入新时代”的重要论断，将“坚持全面依法治国”作为新时代坚持和发展中国特色社会主义的14条基本方略之一，党的二十大报告提出“坚持全面依法治国，推进法治中国建设”，并指出“全面推进科学立法、严格执法、公正司法、全民守法，全面推进国家各方面工作法治化”。在全面依法治国，加快法治中国建设中，加快行政法治建设并实现公正司法是其主体工程。此前，党中央多次在重要会议上阐述了加快推进行政法治建设与实现公正司法对于当前我国深化改革之重要性。《全面深化改革的决定》提出了以经济体制改革为重点全面深化改革，并明确提出“坚持依法治国、依法执政、依法行政共同推进，坚持法治国家、法治政府、法治社会一体建设”。党的十八届四中全会又提出公正是法治的生命线。司法公正对社会公正具有重要引领作用，司法不公对社会公正具有致命破坏作用。必须完善司法管理体制和司法权力运行机制，规范司法行为，加强对司法活动的监督，努力让人民群众在每一个司法案件中感受到公平正义。在加快建设法治中国大背景下，应以党的二十大报告为总纲领，切实加快行政法治建设和公正司法的实现。

第一节 全面深化改革与加快行政法治建设[①]

党的十八大确立了基本建成法治政府的目标，并将其作为全面建成小康社会的重要组成部分。党的十八届三中全会通过的《全面深化改革的决定》在继承和发展中国法治政府建设的历史经验的基础上，将法治政府建设融合到各项改革举措的方方面面，与法治国家、法治社会并列提及，“坚持依法治国、依法执政、依法行政共同推进，坚持法治国家、法治政府、法治社会一体建设”。这不仅表明党中央重视行政法治建设的基本态度，也展现出中央领导层以法治思维和法治方式推进改革的整体战略，以及对行政法治政府建设实现路径的新思路与新想法。党的十八届四中全会发布的《全面推进依法治国决定》更是提出要“加快建设职能科学、权责法定、执法严明、公开公正、廉洁高效、守法诚信的法治政府”。2015 年中共中央、国务院发布《法治政府建设实施纲要（2015—2020 年）》，明确了 2020 年法治政府建设的主要任务和具体措施。党的十九大按照“深化依法治国实践”的新要求，进一步强调了“建设法治政府，推进依法行政，严格规范公正文明执法”这一重要部署，形成了行政法治建设的新里程碑。党的二十大报告提出“深化行政执法体制改革，全面推进严格规范公正文明执法”，对转变政府职能、深化行政执法体制改革、强化行政执法监督机制和能力建设等作出重点部署、提出明确要求，为新时代法治政府建设提供了根本遵循。

---

① 本部分内容参见江必新：《贯彻十九大精神 加快行政法治建设》，载《求索》2018 年第 1 期。江必新、郑礼华：《全面深化改革与法治政府建设的完善》，载《法学杂志》2014 年第 1 期。

一、全面加快行政法治建设的紧迫性

（一）应对困难和挑战，需要加快行政法治建设

党的十八大以来，我国民主法治建设迈出重大步伐。“社会主义法治国家建设深入推进，全面依法治国总体格局基本形成，中国特色社会主义法治体系加快建设”，但是，正如党的二十大报告所指出的，我们必须清醒地看到，我们的工作还存在一些不足，面临不少困难和问题，其中主要内容之一就是“重点领域改革还有不少硬骨头要啃”。[①]党的二十届三中全会作出的《中共中央关于进一步全面深化改革 推进中国式现代化的决定》强调：“深入推进依法行政。”

（二）基本实现社会主义现代化，需要加快行政法治建设

党的二十大报告提出，从2020年到2035年基本实现社会主义现代化。到那时，“基本实现国家治理体系和治理能力现代化，全过程人民民主制度更加健全，基本建成法治国家、法治政府、法治社会”[②]。从全面建成小康社会到基本实现社会主义现代化，只有15年的时间。如何在15年的时间里，更好地满足人民群众对美好生活的需求，尤其是行政法治方面的需求，是对行政法治建设提出的新的课题。

（三）推进中国式现代化，需要加快行政法治建设

党的二十大报告提出，从2035年到21世纪中叶，在基本实现现代化的基础上，我们要继续奋斗，到21世纪中叶，把我国建设成为综合国力和国际影响力领先的社会主义现代化强国。未来5年是全面建设社会主义现代化国家开局起步的关键时期，主要目标任务包括，“全过程人民民主制度化、规范化、程序化水平进一步提高，中国特色社会主义法治体系更加完善”。把我国建成富强民主文明和谐美丽的社会主义现代化强国，需要什么样的与之相匹

---

① 习近平：《高举中国特色社会主义伟大旗帜 为全面建设社会主义现代化国家而团结奋斗——在中国共产党第二十次全国代表大会上的报告》，人民出版社2022年版，第14页。

② 习近平：《高举中国特色社会主义伟大旗帜 为全面建设社会主义现代化国家而团结奋斗——在中国共产党第二十次全国代表大会上的报告》，人民出版社2022年版，第24页。

配的行政法治，如何建设更好的行政法治，是我们面临的新课题。

奋进新征程的时代号角已经吹响，实现基本建成法治政府的任务迫在眉睫。我国行政法治建设面临前所未有的压力，同时也蕴含着不可估量的动力。一方面，行政法治建设必然与经济、政治、文化、社会乃至生态文明等广大领域的建设具有直接或间接的关系。其中，在行政法治建设与经济建设之间的关系中，如何处理市场与政府之间的关系是亟待解决的关键性问题。如何实现和确保“使市场在资源配置中起决定性作用”，这不但需要改革的持续深入，更有待相关法律法规的清理审查以及修改完善，保障现有的法律规范体系与改革目标相适应，而改革本身就是推动行政法治建设的强大动力。另一方面，行政法治建设面临着来自外部的结构性压力。党的二十届三中全会通过的《中共中央关于进一步全面深化改革 推进中国式现代化的决定》中明确提出“健全行政执法监督体制机制”。当前，无论是权力机关的监督，还是司法监督，都有加强之势。人大监督的加强，特别是对政府重大决策监督的加强，意味着各级政府将要更加严格地按照法定的权限和程序来办事。就司法监督而言，行政诉讼机制体制改革，省以下地方法院人财物统一管理，跨行政区划的人民法院的设立，与行政区划适当分离的司法管辖制度，以及改革审判委员会制度等都将进一步加大对行政机关依法用权的司法监督力度，对行政法治建设提出了更高要求。行政法治建设必须经受更为健全的权力监督和司法监督，法治政府建设面临着前所未有的压力。

二、全面加快行政法治建设的基本任务

从党的二十大报告的内容来看，当前和今后一段时期，全面加快行政法治建设至少需要完成以下基本任务。

（一）基本建成法治政府

“法治政府”提法第一次出现，是在国务院2004年3月印发的《全面推进依法行政实施纲要》中，作为贯彻党的十五大、十六大精神的文件首次提出，“全面推进依法行政，经过十年左右坚持不懈的努力，基本实现建设法治政府的目标”。党的十七大报告关于全面建设小康社会的奋斗目标之一是“法

治政府建设取得新成效”。党的十八大报告把“法治政府基本建成”确立为到2020年全面建成小康社会的一项重要目标，党的十八届二中、三中、四中、五中全会又作出了进一步部署。2015年12月，中共中央、国务院还印发了《法治政府建设实施纲要（2015—2020年）》，明确提出了到2020年基本建成法治政府的指导思想、总体目标、基本原则、衡量标准、主要任务、具体措施和保障落实机制。《法治政府建设实施纲要（2015—2020年）》提出了法治政府建设的七个衡量标准，即政府职能依法全面履行、依法行政制度体系完备、行政决策科学民主合法、宪法法律严格公正实施、行政权力规范透明运行、人民权益切实有效保障、依法行政能力普遍提高。

党的十九大报告、二十大报告在此基础上，提出了到2035年，基本建成法治国家、法治政府、法治社会的奋斗目标。虽然坚持法治国家、法治政府、法治社会一体建设，但是由于情况不一，基本建成的时间节点是不一样的。法治政府建设是主体工程，要率先突破。

（二）人民平等参与、平等发展权利得到充分保障

平等是中国特色社会主义的本质要求，是社会主义核心价值观的重要内容，是社会主义法律的基本属性，是社会主义法治的基本要求。平等问题不仅是我们在统筹推进“五位一体”总体布局、协调推进“四个全面”战略布局，夺取新时代中国特色社会主义伟大胜利、实现中华民族伟大复兴的中国梦、实现人民对美好生活的向往进程中的一个重大的现实问题，也是法治尤其是行政法治建设需要解决的一个基本问题。如果我们制定的法律制度本身不平等，如果我们在执行法律制度时不平等，如果我们的行政法治在结果上，不仅没有保障平等，反而助长了不平等，这样的法治，与其本身的目的和我们建设中国特色社会主义的初衷就背道而驰了。

习近平总书记的系列重要讲话多次提到平等的问题。如习近平总书记曾指出，要“保证人民平等参与、平等发展权利，维护社会公平正义”[①]；“要通过创新制度安排，努力克服人为因素造成的有违公平正义的现象，保证人民

① 习近平：《在第十二届全国人民代表大会第一次会议上的讲话》，人民出版社2013年版，第6页。

平等的参与、平等发展权利”①；“全面深化改革必须着眼创造更加公平正义的社会环境，不断克服各种有违公平正义的现象，使改革发展成果更多更公平惠及全体人民”②。在党的十九大报告中，习近平总书记进一步提出：“人民平等参与、平等发展权利得到充分保障”③。党的二十大报告强调，“扩大人民有序政治参与”。因此，贯彻落实党的二十大精神，要求行政法治建设要为人民平等参与、平等发展权利提供充分的法治保障。

（三）各方面制度更加完善，国家治理体系和治理能力现代化基本实现

国家治理体系和治理能力是一个国家制度和制度执行能力的集中体现。国家治理体系是在党领导下管理国家的制度体系，包括经济、政治、文化、社会、生态文明和党的建设等各领域体制机制、法律法规安排，也就是一整套紧密相连、相互协调的国家制度；国家治理能力则是运用国家制度管理社会各方面事务的能力，包括改革发展稳定、内政外交国防、治党治国治军等各个方面。国家治理体系和治理能力是一个有机整体，相辅相成，有了好的国家治理体系才能提高治理能力，提高国家治理能力才能充分发挥国家治理体系的效能。

“推进国家治理体系和治理能力现代化，就是要适应时代变化，既改革不适应实践发展要求的体制机制、法律法规，又不断构建新的体制机制、法律法规，使各方面制度更加科学、更加完善，实现党、国家、社会各项事务治理制度化、规范化、程序化。要更加注重治理能力建设，增强按制度办事、依法办事意识，善于运用制度和法律治理国家，把各方面制度优势转化为管理国家的效能，提高党科学执政、民主执政、依法执政水平。”④

法治是国家治理体系和治理能力的集中体现和重要依托。政府是国家治理最重要的主体之一，也是推进国家治理体系和治理能力现代化的重要力量。行政法治建设的质量和效率，直接决定着政府治理的质量和效率，也直接影响着国家治理的质量和效率。

---

① 习近平：《切实把思想统一到党的十八届三中全会精神上来》（2013年11月12日），载中共中央文献研究室编：《习近平关于全面深化改革论述摘编》，中央文献出版社2018年版，第98页。

② 《习近平关于全面深化改革论述摘编》，中央文献出版社2014年版，第96页。

③ 《中国共产党第十九届中央委员会第五次全体会议公报》，人民出版社2020年版，第8页。

④ 习近平：《论坚持人民当家作主》，中央文献出版社2021年版，第47页。

党的二十大报告提出，到2035年基本实现社会主义现代化。到那时，“基本实现国家治理体系和治理能力现代化”。实现这一目标，要求行政法治建设既要在制度建构方面，进一步完善各方面制度，又要注重制度执行，基本实现善于运用制度和法律治理国家，把各方面制度优势转化为管理国家的效能。

（四）提高社会治理社会化、法治化、智能化、专业化水平

社会治理是一项事关全局的社会工程、系统工程、长期工程。当前，随着我国全面深化改革的推进、经济发展进入新常态，尤其是在信息化浪潮的冲击下，社会治理领域面临许多新情况、新挑战。突出表现为新的社会阶层分化、新的社会组织涌现、新的社会需求增长、新的社会事务产生、新的社会心态滋长、新的社会矛盾凸显，核心是一元管理体制与多元社会诉求之间的矛盾。

党的十八大以来，以习近平同志为核心的党中央深化对社会治理规律的认识，创新体制机制，以现代科学技术为引领，以基层基础建设为支撑，推进国家治理体系和治理能力现代化，为平安中国建设打下坚实基础。习近平总书记要求：“要更加注重联动融合、开放共治，更加注重民主法治、科技创新，提高社会治理社会化、法治化、智能化、专业化水平，提高预测预警预防各类风险能力。”① 这一重要论述，从完善中国特色社会主义社会治理体系、努力建设更高水平的平安中国的战略高度，着眼信息化、动态化条件下的社会治理特征和规律，为我们加强和创新社会治理指明了前进方向。

习近平总书记在会见全国社会治安综合治理表彰大会代表时的讲话中提出：“……善于运用先进的理念、科学的态度、专业的方法、精细的标准提升社会治理效能，要着力推进社会治理系统化、科学化、智能化、法治化，提高预测预警预防各类风险能力，增强社会治理预见性、精准性、高效性。”②

党的二十大报告提出：“推进多层次多领域依法治理，提升社会治理法治

① 中共中央文献研究室编：《习近平关于社会主义社会建设论述摘编》，中央文献出版社2017年版，第135页。

② 中共中央文献研究室编：《习近平关于社会主义社会建设论述摘编》，中央文献出版社2017年版，第137~138页。

化水平。发挥领导干部示范带头作用，努力使尊法学法守法用法在全社会蔚然成风……健全共建共治共享的社会治理制度，提升社会治理效能。”提高社会治理社会化、法治化、智能化、专业化水平，也是行政法治建设的基本任务。推进依法治理，需要着力构建社会行为预期、管理过程公开、责任界定明晰的制度体系，运用法治思维和法治方式化解矛盾、破解难题，把社会治理纳入法治化轨道，形成全民尊法学法守法用法的良好局面。

三、全面加快行政法治建设的重大举措

党的二十大报告作出了一系列重大的举措部署，对于加快行政法治建设具有重要意义。

（一）转变政府职能

党的二十大报告再次强调“转变政府职能”。政府职能转变是在经济社会发展新形势下对原有政府职能的重新审视和认识。加快转变政府职能、科学设定政府职能，是依法全面履行政府职能的前提和基础。推进依法行政、建设法治政府，必须切实转变政府职能。党的十八大以来，以习近平同志为核心的党中央对深化行政体制改革，加快转变政府职能提出了明确要求。习近平总书记指出，“深化经济体制改革，核心是处理好政府和市场关系，使市场在资源配置中起决定性作用和更好发挥政府作用。这就要讲辩证法、两点论，‘看不见的手’和‘看得见的手’都要用好。关键是加快转变政府职能，该放给市场和社会的权一定要放足、放到位，该政府管的事一定要管好、管到位，坚决扭转政府职能错位、越位、缺位现象。要深化行政审批制度改革，推进简政放权，深化权力清单、责任清单管理，同时要强化事中事后监管。”[①] 党的十八届二中全会指出，转变政府职能是深化行政体制改革的核心，“以职能转变为核心，继续简政放权、推进机构改革、完善制度机制、提高行政效能，加快完善社会主义市场经济体制，为全面建成小康社会提供制度保障”。党的十八届三中全会强调要“加快转变政府职能”，“科学的宏观调控，

① 习近平：《在参加十二届全国人大四次会议上海代表团审议时的讲话》，载中共中央文献研究室编：《习近平关于社会主义经济建设论述摘编》，中央文献出版社 2017 年版，第 69 页。

有效的政府治理，是发挥社会主义市场经济体制优势的内在要求。必须切实转变政府职能，深化行政体制改革，创新行政管理方式，增强政府公信力和执行力，建设法治政府和服务型政府”。[①]《全面深化改革的决定》提出：“进一步简政放权，深化行政审批制度改革……最大限度减少中央政府对微观事务的管理，市场机制能有效调节的经济活动，一律取消审批，对保留的行政审批事项要规范管理、提高效率；直接面向基层、量大面广、由地方管理更方便有效的经济社会事项，一律下放地方和基层管理。”“必须积极稳妥从广度和深度上推进市场化改革，大幅度减少政府对资源的直接配置，推动资源配置依据市场规则、市场价格、市场竞争实现效益最大化和效率最优化。政府的职责和作用主要是保持宏观经济稳定，加强和优化公共服务，保障公平竞争，加强市场监管，维护市场秩序，推动可持续发展，促进共同富裕，弥补市场失灵。”2013 年以来，中央政府始终围绕推进行政体制改革、转变政府职能，简政放权、放管结合、优化服务，做了大量卓有成效的工作。为了解决分享经济发展中面临的认识不统一、制度不适应、保障不健全等诸多问题和挑战，提出了创新监管。2017 年 6 月 21 日，时任国务院总理李克强在国务院常务会议上提出，政府部门对待各类新业态、新模式要有“包容审慎”的态度，按照“鼓励创新、包容审慎”的原则，审慎出台新的准入和监管政策。2017 年 7 月 3 日，国家发改委等八部门联合印发了《关于促进分享经济发展的指导性意见》，明确提出：“促进分享经济更好更快发展，要坚持以推进供给侧结构性改革为主线，以满足经济社会发展需求为目标，以支持创新创业为核心，以满足消费需求和消费意愿为导向，深入推进简政放权、放管结合、优化服务改革，按照‘鼓励创新、包容审慎’的原则，发展与监管并重，积极探索推进，加强分类指导，创新监管模式，推进协同治理，健全法律法规，维护公平竞争，强化发展保障，充分发挥地方和部门的积极性、主动性，支持和引导各类市场主体积极探索分享经济新业态新模式。”

虽然通过推进简政放权、放管结合，政府职能转变取得了显著成效，但是也还存在一些不足，仍需向纵深推进。一方面，政府一些该放的权还没有

---

① 《中国共产党第十八届中央委员会第三次全体会议公报》，人民出版社 2013 年版，第 10 页。

放，“手伸得还是太长”；另一方面，已出台的简政放权措施尚未完全落实到位，“中梗阻”现象大量存在，“最后一公里”还没有完全打通；此外，公共产品短缺、公共服务薄弱等问题依然突出。

党的二十大报告重申“转变政府职能”，党的二十届三中全会通过的《中共中央关于进一步全面深化改革 推进中国式现代化的决定》要求“促进政务服务标准化、规范化、便利化”，是要求将转变政府职能持之以恒，坚持到底地加以推进。

（二）优化政府职责体系和组织结构

一般认为，国家机构是为实现国家职能而建立起来的国家机关的总称。党的十九大报告明确提出要完善国家机构组织法，将之作为体制机制改革中最核心的问题。国家机构组织法是关于国家机构的组织和活动原则以及各类国家机关的产生、组织、职权等宪法和法律规范的总称。国家机构组织法明确国家机构的性质、法律地位、组织及结构、职权和职责，设立、变更、撤销的程序以及基本活动原则和制度等，其中最为重要的内容之一是规定了国家机构的职权。“国家机构组织法作为国家构成法，是规范国家机构组织、职能的基本法，它确定国家政权的组织架构和活动原则，也为国家权力的行使设定边界。”[①] 从这个角度来讲，国家机关组织法，既是权力的依据与源头，也是关住权力的笼子之一。对政府而言，“法无授权不可为”，这可以说是依法行政最基本的内涵与要求。政府的权力来自法律，如果没有法律的授权，政府就不能行使该项权力。而行政组织法正好是解决政府权力来源的基本法律，其也是国家机构组织法的重要内容。《全面推进依法治国决定》强调要“完善行政组织和行政程序法律制度，推进机构、职能、权限、程序、责任法定化”。党的十九届三中全会通过的《中共中央关于深化党和国家机构改革的决定》也明确提出：“机构编制法定化是深化党和国家机构改革的重要保障。要依法管理各类组织机构，加快推进机构、职能、权限、程序、责任法定化。”

党的十九届三中全会后，我国党和国家机构改革取得了突破性的进展，改革进一步打破了政府自身利益格局，突破了既有体制机制障碍，不但全面

① 任进：《宪法视界下的国家机构改革与组织法完善》，载《法学论坛》2012年第6期。

考虑了党政机构的设置，促进了党政机构的合设合署，而且极大地优化了党政部门和政府各部门的职权职能配置，但总体而言，机构改革的法治化亟待加强。目前，我国行政组织法体系还很不健全，中央行政组织法只有一个《国务院组织法》，国务院的部、委、直属机构均无相应的组织条例；地方行政组织法只有一个共同规范地方各级人民代表大会和地方各级人民政府组织的统一的《地方各级人民代表大会和地方各级人民政府组织法》，省、市、县、乡、镇等均无单独的行政组织法。各级政府在事权划分方面还存在一些不足：一是事权划分的法治化程度不足；二是部分事权划分不清晰；三是部分事权划分不合理。党的二十大报告强调“优化政府职责体系和组织结构”，《中共中央关于进一步全面深化改革 推进中国式现代化的决定》要求“推进政府机构、职能、权限、程序、责任法定化”。政府间事权是国家治理体系的核心构成要素。只有在明确政府间事权的基础上实现政府机构、职能、权限、程序、责任法定化，才能使行政权力在制度的框架内运行。完善国家机构组织法，对于依法推进机构改革，应对和解决国家机构改革中出现的问题，建设职能科学、权责法定的法治政府，加快行政法治建设进程都具有十分重要的作用。

（三）科学配置权力

党的十九大报告提出：“统筹考虑各类机构设置，科学配置党政部门及内设机构权力、明确职责。”科学配置权力，既是国家机构依法全面履行职能，更好发挥作用的前提和基础，也是市场经济发展到一定阶段，经济基础作用于上层建筑的一种客观需要。就行政法治而言，科学的权力配置是建设法治政府的前提条件。

长期以来，政府越位、缺位、不到位的问题为社会所诟病。2013 年以来启动了以转变政府职能为核心的新一轮改革，简政放权取得重大阶段性成果，政府机构改革稳步实施，行政管理方式创新加快推进，行政权力运行得到了有效规范。但是，政府职能定位、机构设置、职责分工等方面仍然存在不少问题，主要表现为以下几点：政府职能越位、缺位问题依然突出，不该管的管得还是太多，一些该管的又没有管好；一些领域机构重叠、队伍杂乱、人浮于事的问题依然存在；职责交叉、权责脱节、争权推诿等现象依然较多，群众办事不便，行政效能不高等现象尚未得到全面有效遏制。除此之外，我国以往历次政府机构改革都比较注重政府直属部门的合并重组，却很少触及内设机构。在过去的大部门制改革中，各级政府合并的大部门仅对其综合管理的内设机构进行合并，如办公室、财务、信息、人事等，而很少针对职能机构加强重组。这使得各个政府机构的内设机构千篇一律，并很难适应经济社会发展的需求。这也使一些政府机构在合并以后仍然是“两张皮”，无法真正打通职能交叉、重叠乃至矛盾之处，使机构改革无法带动和引领职能转变。党的十九大报告“统筹考虑各类机构设置，科学配置党政部门及内设机构权力、明确职责”正是针对上述问题，作出的正面回应和要求。党的十九届三中全会通过的《中共中央关于深化党和国家机构改革的决定》更是明确提出：“机构编制法定化是深化党和国家机构改革的重要保障。要依法管理各类组织机构，加快推进机构、职能、权限、程序、责任法定化。”党的二十届三中全会通过的《中共中央关于进一步全面深化改革 推进中国式现代化的决定》更进一步提出：“完善垂直管理体制和地方分级管理体制，健全垂直管理机构和地方协作配合机制。”

从行政法治建设的角度来说，如何科学配置政府的权力？总的来讲，有以下三个方面的要求：一是简政放权，建设有限政府；二是科学配置政府内部职权；三是根据时代的发展进步，随时调整增减政府职能。[①] 具体来说，主要有以下几个方面的内容：第一，要合理界定政府部门的职责分工，进一步明确和强化责任，完善政府职责体系。按照宏观调控部门、市场监管部门、社会管理和公共服务部门的职责定位，合理确定各自的权责范围和职能重点，坚持一件事情原则上由一个部门负责，确需多个部门管理的事项，明确牵头部门，分清主次责任，建立健全部门间的协调配合机制。第二，要正确处理好三大关系。首先要正确处理好政府和市场的关系。凡是能由市场调节的事项，政府不要越俎代庖，要保证市场在资源配置中起决定性作用。其次要正确处理好政府和社会的关系。凡是能由公民个人决定和社会自律处理的事项，政府尽量不干预，以调动社会公众的积极性和激发社会活力。最后要正确处

① 参见姜明安：《行政法》，北京大学出版社 2017 年版，第 146 页。

理好政府内部的关系，包括上下级政府的纵向关系和政府部门间的横向关系。要科学配置上下级政府的职能，使之既保证上级政府对下级政府的有效领导，又有利于推进政府管理重心下移，充分发挥基层政府的治理作用。第三，通过内设机构的合理设置产生加成效应。政府机构改革不应仅仅停留在表面，而应深入到政府机构内部，优化内设机构的设置，通过上下联动的机构改革产生倍增效应。

（四）提高行政效率和公信力

政府公信力和执行力是政府的无形资产。政府的公信力和执行力之间是相辅相成、相互影响的。政府公信力越高，人民群众对政府的工作就会越配合，政府的执行力也就会越高，人民群众对政府也就越信任。反之，如果政府的公信力不高，人民群众对政府工作的配合就会受到影响，从而影响到政府的执行力。“提高政府公信力和执行力，直接关系到政府的合法性基础，关系到社会信誉体系的建立和完善，关系到国家大政方针的贯彻落实和公共资源的有效利用。”[①]增强政府的公信力和执行力，既是法治政府建设的重要目标，也是加快法治政府建设的重要手段。党的十九大报告提出“增强政府公信力和执行力”，对于加快行政法治建设具有十分重要的意义。

如何增强政府公信力和执行力？首先要求政府守法诚信。诚信是个人立身处世的基本要求，也是行政机关行使权力所必须遵循的道德底线和基本规则。诚信原则要求行政机关及其工作人员发布的信息全面、真实、准确；制定的法规、规章、政策保持相对稳定，不能朝令夕改；严格执行法律、法规、规章以及有关政策，对承诺的事一定要办到位，不能“放空炮”；行政机关违法导致公民、法人和其他组织损失的，要依法予以赔偿；出于公共利益或者其他法定事由撤回或者变更行政决定的，对当事人因此受到的损失要依法给予补偿。[②]

增强政府公信力和执行力，要求加强政府的效率。要通过推进政府工作

① 薄贵利：《论提高政府的公信力和执行力》，载《武汉科技大学学报（社会科学版）》2010年第5期。

② 参见宋大涵主编：《建设法治政府总蓝图：深度解读〈法治政府建设实施纲要（2015–2020年）〉》，中国法制出版社2016年版，第21~22页。

制度化、规范化建设，用更好的机制、更好的制度管事管人，优化办事流程，提高政府效能。同时，结合现代科学技术的发展，大力加强电子政务建设，提高政府办事效率，使人民群众通过网络等方式得到更广泛、更快捷的信息和服务。同时，加强行政机关作风建设，讲规矩、讲程序、讲效率，依法高效率、高效益地履行职责，最大限度地方便人民群众。

（五）严格规范公正文明执法

党的二十大报告提出："扎实推进依法行政。法治政府建设是全面依法治国的重点任务和主体工程。深化行政执法体制改革，全面推进严格规范公正文明执法，加大关系群众切身利益的重点领域执法力度，完善行政执法程序，健全行政裁量基准。"严格执法是深化依法治国实践的关键环节。能不能做到依法治国，关键在于党能不能依法执政，各级政府能不能依法行政。严格文明公正执法是一个整体，文明执法、公正执法要强调，严格执法也要强调。如果做不到严格执法，执法的公正性和公信力也难以建立起来。国务院和地方各级人民政府作为国家行政机关，负有严格贯彻实施宪法和法律的职责，要规范政府行为，做到文明执法，实现执法的公正性与严格性相统一。

推进严格执法，首先，要严格执法资质，注重"学习型"执法机构的建设。行政执法人员必须持证上岗，加强对行政执法人员的执法资格管理，杜绝"临时工"或其他不具备行政执法权的人员滥用执法权，通过系统学习与行政执法密切相关的行政法律法规，提升行政执法人员的专业素养，提高执法人员的业务素质。完善行政执法机构的学习制度，提升执法人员自觉学习的意识，将专业学习与实际工作紧密结合起来，多开展讨论式学习活动，增进执法人员间的沟通交流，经验分享，系统提高整体执法水平。其次，要切实做到执法依据的合法，其中重大决策、规范性文件合法性审查机制的建立与完善尤为重要。对重大决策、规范性文件进行合法性审查，是提高科学民主依法决策水平的关键，也是从源头上预防和减少违法行政行为的重要手段。我国初步建立了规范性文件和重大决策的合法性审查制度，国务院出台了相关规范，明确规定对公民权利义务有直接影响的规范性文件的出台必须公开并征求公民的意见，经由政府常务会议或者部门领导班子进行集体讨论决定等相关程序。如果没有经过以上程序，则该规范性文件不得颁布施行。与此同时，对于政府重大决策的出台程序，国务院文件也规定该重大决策在提交审议之前必须交由政府法制机构进行合法性审查，未经审查程序的决策，不能提交进行讨论并最终达成决策。但是，在实践中某些地方政府及其相关部门违反合法性审查程序出台地方性规范，使得合法性审查机制所能发挥的功效甚微。因而，加快行政法治建设需要重点推进这一合法性审查制度的落实与完善。再次，要完善执法程序，注重执法公开。要重点解决执法不规范、不严格、不透明、不文明以及不作为、乱作为等突出问题，程序的规范和公开极为重要。同时，要建立并落实行政执法过程记录制度，并通过说明理由制度、证据制度的落实推进执法的规范。最后，要落实行政执法责任制。行政执法责任制旨在通过权力监督来提高执法效能，提高依法行政水平，保障法律、法规、规章有效实施。落实行政执法责任制要求明确各行政执法机关、各岗位执法人员的权限与职责，启动刚性的行政执法问责机制，建立群众举报、情况通报制度，强化公众对行政执法的监督，防止及克服其他人对行政执法进行干预以及利益寻租的问题，依法惩治执法腐败现象，[①] 真正做到有权必有责、用权受监督、违法必追究。

在严格规范行政执法的过程中，要处理好其与行政执法方式创新之间的关系。由于传统行政执法方式存在无法有效遏制行政违法事件频发、执法效率不高以及钓鱼式执法备受诟病等问题，行政执法方式创新已经成为创新型政府社会管理的必然选择，新型执法方式大多具有不错的执法效果，但新型的执法方式或缺乏明确的法律依据，或仅有规范性文件等作为依据，其合法性存在不足。行政执法方式大多具有侵益性，创新行政执法方式需以法治理念逐步推进，必须符合法律规定及法治的基本要求。第一，按照行政法治的基本要求，限制和剥夺个人、组织的权利或自由的行政执法手段必须有相应的法律依据。而新型行政执法方式在可能剥夺或限制公民、法人和其他组织权利或自由的情况下，必须有合法有效的规范依据，否则就是违法的。第二，经实践证明是科学有效的新型执法方式应由法律规范加以确认。创新就是要深入分析我国当前的基本国情和发展的阶段性特征，不断认识执法实践中出

① 参见袁曙宏：《深化行政执法体制改革》，载《〈中共中央关于全面深化改革若干重大问题的决定〉辅导读本》，人民出版社 2013 年版，第 236 页。

现的新情况、新问题，引入新的执法理念、知识、方法和手段，执法机关引入新型的执法理念、知识、方法、手段对传统的执法模式如果经实践证明是科学有效的，具有正当性，符合宪法法律的基本精神，那么应由法律规范加以确认，使其固定下来，保证它的可持续性和持久的有效性，并由此逐步构建起新的行政执法体系。

（六）建设人民满意的服务型政府

为社会提供更多、更优质的公共服务是政府的基本职能。建设人民满意的服务型政府，也能更好地体现我们党为人民服务的宗旨。

党的十七大以来，我国服务型政府建设不断深化。党的十七大报告明确提出了加快行政管理体制改革，建设服务型政府的目标。2008 年《政府工作报告》指出，“全面正确履行政府职能，努力建设服务型政府。在加强和改善经济调节、市场监管的同时，更加注重社会管理和公共服务，维护社会公正和社会秩序，促进基本公共服务均等化”。2010 年《政府工作报告》专门提出了“努力建设人民满意的服务型政府”的任务，提出“要以转变职能为核心，深化行政管理体制改革，大力推进服务型政府建设，努力为各类市场主体创造公平的发展环境，为人民群众提供良好的公共服务，维护社会公平正义”。党的十八大报告进一步提出“建设职能科学、结构优化、廉洁高效、人民满意的服务型政府”。党的十九大报告清晰地提出“建设人民满意的服务型政府”。党的二十届三中全会要求：“促进政务服务标准化、规范化、便利化，完善覆盖全国的一体化在线政务服务平台。”

服务是法治的必然要求，法治是服务的重要保障。法治政府有多种要素和特质，如有限政府（权力受制约）、责任政府（向人民和人民代表机关负责）、透明政府、廉洁政府等，但最本质的要素和特质是服务政府，即为人民服务，为行政相对人服务。法治则是服务的保障。政府为人民服务，为行政相对人服务本是天经地义的，但因为构成政府的公职人员不是“天使”，故必须以法治加以制约和通过法治加以保障。[①] 建设人民满意的服务型政府，既是构建法治政府的客观需要，也是法治政府建设的必然结果，对于推进行政法

① 参见姜明安：《建设服务型政府应正确处理的若干关系》，载《北京大学学报（哲学社会科学版）》2010 年第 6 期。

治建设具有重要的作用。

四、全面加快行政法治建设应注意的问题

（一）全面加快行政法治建设应重点关注系统性、整体性和协同性

在全面推进法治中国建设的背景下，“大法治观”要求改革必须建立在系统性、整体性和协同性的基础之上，而作为改革中关键环节的行政法治建设理应遵循之。我国法治政府建设虽然在近年取得了较为突出的成就，但仍然存在碎片化思维、部门法治观等分散式的治理方式。这些方式在一定程度上阻碍了法治政府建设的进一步发展，因为其难以实现整体、系统而全面的推进动力。因此，全面加快法治中国建设要求各级党委、政府树立“大法治观”，防止法治政府建设被部门利益所俘获而阻挠改革。落实到法治政府建设过程中，当前我国法治政府建设仍然分别由多个部门承担。例如，按照《国务院关于加强法治政府建设的意见》（已失效），政府法制部门担负着推进依法行政、建设法治政府方面的组织协调和督促指导职责，有的政府法制部门在实践中甚至主要定位在政府立法、行政复议。然而，政府法制部门对其他政府部门除了行政执法的一般程序有所关注外，少有考核、指导或者推动其他部门本行业的法治建设。司法行政部门承担着普法宣传、监狱管理、指导监督律师工作、公证工作等职责。在党的十九届三中全会后，法制部门与司法行政部门合并组建新的司法行政部门，而这不应只是部门的整合，而应真正解决各自为政的“零散”法治建设，摆脱部门利益局限。各级党委和政府应树立“大法治观”，站在系统支持和配合改革的高度，来谋划和推进法治政府建设。可以说，此次中央和国家机构改革进一步整合了机构，优化了职能，为“大法治观”的推行提供了基础。

（二）全面加快行政法治建设应协调好“消极保守”与“积极进取”的关系

一方面，由于法的理念中包含“安定性”“可预见性”的价值要求，常态下的法治一般均是保守的。正如孟德斯鸠在其著作《论法的精神》中所提出的那样，“若非理由充分，法不可任意修改”。然而，法治的保守性也被某

些部门视为了工作的掣肘、改革的障碍，甚至提出所谓的“要改革必先违法”“若守法必不能改革”等种种错误的认识观点。诚然，法的安定性固然重要，但与安定性一起被认为是法的基本价值目标的正义价值更具有优越性。另一方面，因为法治除了安定性之外，还有正义性要求，即法治也有积极进取的模式。不论是积极进取还是消极保守，均最终取决于人的作用——立法者、决策者的选择。例如，在20世纪30年代的美国，罗斯福为了摆脱经济危机对美国的消极影响，就大胆地制定并修改了一系列的法律。可见，法律是否被修订的最终决策权在人的手中。我国也不乏积极进取法治模式成功的范例，例如，全国人大常委会于2012年通过的《关于授权国务院在广东省暂时调整部分法律规定的行政审批的决定》，上海市人大常委会于2013年通过《关于促进改革创新的决定》等，均是为了顺应改革而推行的积极法治。事实上，改革就是一个扬弃、重构的过程，是一个以新规则取代旧规则的过程。作为全面深化改革的重要环节，加快行政法治建设的过程也不例外。因而，以法治的方式推进改革，需要法治政府建设与深化改革的决策同步，真正向前展望、超前思维、提前谋局。固守保守被动的法治观念将无法跟上改革的步伐与节奏。

（三）全面加快行政法治建设应注重实质法治

当前，我国行政法治建设主要停留在形式法治的阶段，而加快法治中国建设对此提出了更高的要求，即必须重视实质法治的推行，注重法治的实效性。[①] 法治的实效性核心在于法治的质量，关键就是“良法善治”的实现。在某种意义上，制定得好的法律往往是最能实现管理目标，具有最优性的法律，而善治就是治理国家的最佳手段。然而，我国行政法治建设还离“实质法治”有一段较大的差距，在实践中往往表现为重形式而轻实效。在法治实践历史上，国家的法治政府建设必然要经历形式法治向实质法治的转变，但这一过渡过程不是一蹴而就的，需要有一定时间的磨合。但是不能一直停滞在形式法治阶段，而应当不断适应改革的现实需求。解决问题是改革的主要目标，

① 周佑勇教授提出，在我国推行行政法治、建设法治政府必须真正树立起有限、有效与有责等新型法治理念。参见周佑勇：《依法行政的观念、制度与实践创新》，载《法学杂志》2013年第7期。

法治政府建设也同样如此。[①] 全面建设法治中国对行政法治建设提出的各项要求，只有转化为实实在在的效果才能算是实现了法治的实效性。只有这样，才能获得人民群众的信赖与支持。行政法治建设必须取得实实在在效果的客观要求还决定了“行政法治和法治政府建设不仅要着眼权力，还要着眼社会，要将控制行政权力和建设更好社会结合起来，以行动主义来解决社会公平和社会安全问题”。[②]

（四）全面加快行政法治建设应激活法治人才队伍活力

人才是任何事业取得成功的关键要素。显然，法治建设也离不开专业素质过硬、具有良好职业操守的法治人才队伍。在全国范围内来看，大批优秀的法治人才汇集在我国政府法制系统、司法系统之中，但在干部部门化的影响之下，这些人才队伍之间长期无法得到交流，影响了他们积极性的发挥。加快行政法治建设，需要通过积极推动法治干部跨条块跨领域交流，提拔重用对法治事业作出重要贡献的干部，来激活这支法治人才队伍的活力，吸引法治人才为推进行政法治，乃至法治中国建设贡献力量。

第二节　全面深化改革与公正司法的实现

公正是法治的生命线，而司法是确保社会公平公正的最后一道防线。党的十八大以来，司法体制改革与完善一直是全面深化改革和推进依法治国的重要内容。党的十八届三中全会通过的《全面深化改革的决定》将深化司法体制改革作为推进法治中国建设的核心内容，党的十八届四中全会通过的《全面推进依法治国决定》专门提出了“保证公正司法，提升司法公信力”的

① 以小产权房的问题为例，如果一方面高喊小产权房违法，另一方面又不能和无法依法取缔，结果就是既败坏了政府的信誉，损害了法律的严肃性，而且助推了小产权房的无序发展，直接危及基本农田保护政策的贯彻落实和城市建设的健康发展。参见张曙光：《博弈：地权的细分、实施和保护》，社会科学文献出版社 2011 年版，第 126~130 页。

② 江必新、郑礼华：《论社会管理创新视角下的法治政府建设——从着眼权力到着眼社会》，载《湖南社会科学》2013 年第 4 期。

具体要求与举措。可以说，在党的领导下，我国司法体制改革取得了突破性进展，司法体制改革的“四梁八柱”主体框架已经基本确定，司法公信力也不断提升。但是这并不意味着司法体制改革已经完全到位。改革要由点到面全面突破，不能仅依靠孤立的制度，还需要好的配套制度。与此同时，改革过程中新制度的推行，必然导致新的问题和新的情况，这就需要整体的配套制度向纵深推进，只有这样，改革的效用才能不断显现，好的制度才能真正有效实施。党的十九大报告在总结和肯定“司法改革有效实施”的情况下，指出：“深化司法体制综合配套改革，全面落实司法责任制，努力让人民群众在每一个司法案件中感受到公平正义。”党的二十大报告进一步强调：“深化司法体制综合配套改革，全面准确落实司法责任制，加快建设公正高效权威的社会主义司法制度，努力让人民群众在每一个司法案件中感受到公平正义。”因此，加快法治中国建设，必须深化司法体制综合配套改革，确保公正司法的全面实现。

一、公正司法是深化司法改革的永恒主题

一个国家要长治久安，要维持和平和稳定状态，就必须设置司法体系。司法权是任何国家政权中一个不可或缺的组成部分，因为在任何一个社会组织中，纠纷的存在是绝对的，无纠纷是相对的。司法的功能，简单来说就是定分止争。定分，就是明确权利义务，判明孰是孰非；止争，是争议各方停止纷争，握手言和。定分与止争两者一脉相承，定分是前提，止争是目的。司法的过程既要定分，更要止争。而作为司法过程中最为重要的主体——法院及其司法人员之所以能够解决纠纷并作出裁判，关键在于他们中立、居中的身份。法院所作出的裁判之所以能赢得公民的尊重与信服，并使得人民愿意以之作为其权利救济的基本手段，原因也在于其中立、居中的地位。与此同时，法院居中裁判的地位也最终使得其能够矫正社会错乱秩序，实现公平正义。从根本上来说，司法的定分止争功能均是为了实现“公平、正义、秩序”等价值目标。而公正是司法的灵魂和生命，促进社会公平正义是司法的核心价值追求和最终目的。任何国家的司法改革均应以实现公正为宗旨。可

以说，公正司法是深化司法改革的永恒主题。

“公生明，廉生威。”司法公正对社会公正具有重要引领作用，司法不公对社会公正具有致命破坏作用。“举直错诸枉，则民服；举枉错诸直，则民不服。”这就要求我们在实践中推进公正司法。在首都各界纪念现行宪法公布施行30周年大会上，习近平总书记强调：“努力让人民群众在每一个司法案件中都能感受到公平正义，决不能让不公正的审判伤害人民群众感情、损害人民群众权益。”① 只有确保司法公正，深化依法治国实践才能达到预期效果，法治中国才能赢得人民群众的理解、信赖与支持。

（一）司法的基本目标

作为一种价值目标，公正是司法所最终追求的。尽管不同时代、不同的政体、不同的地域的人对公正有着不同的理解，但公正必须成为司法应当追求的基本价值。德国学者古斯塔夫·拉德布鲁赫认为，法的理念实质上就是法律所应实现的价值，而其中正义被认为是除了法的安定性与合目的性之外最为重要的价值。在此意义上，法律也必须为正义服务。② 社会正义理念不外乎是透过人民之有效的权利保护以及获得及时救济来加以实现，而这也正是司法之职能所在。法院应当以作出符合“情理法”要求的个别案件正义的适当裁判为其主要的神圣使命。③ 司法不能离开对正义价值目标的追求，即使要付出一定的代价，也在所不惜。④ 对司法公正的追求，不分国别不分民族，因为公正一直代表的是人们所共同期待的价值目标。但在判断什么是公正方面又存在着不同的看法。恩格斯曾指出：人们关于公平的观念时常会发生变化，或者因时因地而变，或者因人而异。甚至，正如米格尔所说“每个人均有不同的理解”。⑤ 公平所表现出来的形式常常变幻莫测，但其中仍然有不变的因素。撇开具有个别性的价值判断因素，公平的共性主要表现为以下几个方面：

---

① 习近平：《在首都各界纪念现行宪法公布施行三十周年大会上的讲话》（2012年12月4日），载中共中央文献研究室编：《十八大以来重要文献选编》（上），中央文献出版社2014年版，第91页。

② 参见［德］古斯塔夫·拉德布鲁赫：《法哲学》，王朴译，法律出版社2005年版，第31页、第32页、第34页。不过，正义作为法律理念，而法律适用的原则是否还采用“正义”这一词？拉德布鲁赫认为，公正是个别情况的正义。也就是说，司法中使用“公正”一词比较合适。

③ 参见陈清秀：《行政诉讼法》，法律出版社2016年版，第6页。

④ 参见刘庸安：《丹宁勋爵和他的法律思想》，载《中外法学》1999年第1期。

⑤ 《马克思、恩格斯选集》（第3卷），人民出版社1995年版，第212页。

(1)在形式与实质上均统一的公正观念;(2)社会利益为主、个人利益为辅的公正观念;(3)融权利、责任、义务于一体的公正观念;(4)同富裕共发展之正义观;(5)平等保护尤其是注重保护弱势群体权益的公平正义观。

然而,公正虽是基本和首要的价值,但不是司法的全部价值,处于次要地位的价值还有司法效益,包括司法效率、司法成本、司法效果等。除了司法公正之外,司法效益的最大化或者最优化也是司法所应包含的价值目标。司法效益价值目标是由西方经济分析法学提出并发展而来的,随后得到了广泛的认同,并逐渐成了指导国家司法制度改革、立法的重要思想。该学派主张,“法律只不过是促进资源最佳配置并促使有效结果得以出现的手段。任何法律规范、制度以及活动(包括立法、司法与诉讼活动)之根本目的在于有效地利用资源并最大限度地增加社会财富,实现帕累托式或卡尔多—希克斯式的最适宜状态”。[①] 从根源上来说,司法是法律适用的过程与结果,司法的效率问题最能反映一国法律实施的效率。其中,诉讼效益的最大化或最优化是司法效益的核心内容,要实现这一价值目标,需要从完善并健全不同制度方面加以努力:一是构建科学而全面的调解制度,意在提高纠纷解决的效率。二是完善诉讼时效与诉讼期间制度。诉讼周期代表的是诉讼的时间成本,周期越长则成本越高。因而,也需要健全审限与提高审判效率的制度。科学地缩短诉讼周期有利于提高审判效率。三是构建扩大法律适用的社会效果制度。如通过司法程序运行简易化、纠纷解决机制多元化等,节省司法资源,削减诉讼数量,从而实现司法资源的更好利用,提高诉讼效率。四是完善降低和节约诉讼成本的制度。“诉讼是一种需要支付成本、能够产生收益的活动。从经济分析角度看,诉讼制度的目的就是要使成本最小化。”[②] 五是公平分配诉讼成本的制度。人们是否购买司法产品往往会优先考虑诉讼成本的高低,如果有分担机制的出现,对于提升其购买的积极性具有一定的推动作用。合理分担诉讼成本,对于减少诉讼数量,保持诉讼程序的顺畅具有显著的效果。

(二)司法公正的基本标准

在法治国家,司法是否公正和结论是否正确往往不在于它是否符合正义

① 钱弘道:《经济分析法学》,法律出版社 2005 年版,第 7 页。
② 钱弘道:《经济分析法学》,法律出版社 2005 年版,第 57 页。

与目的，而司法的公正程度往往取决于它与合法有效的规范的契合程度。但一个理性的司法不仅要考量司法过程与结论同合法有效的规范的契合程度，还要适时考量规范本身与流动着的正义观念与国家或共同体所追求的正当目的之间的契合程度。故而，一个理性的司法应当把合法性作为司法的基本底线，因为法律不仅是司法的标准，还是司法动力的源泉。但不能止于合法性，把合法性作为司法的终极目标或全部要求，应当注意使合法性、合目的性、合正义性之间保持平衡。德国法学家古斯塔夫·拉德布鲁赫认为，正义、合目的性与法的安定性是法律理念的三个方面，它们共同控制着法律，即使它们可能处于尖锐的矛盾中。[①] 德国学者沃尔特·考夫曼认为，正义（广义）具有三重要素：平等（狭义正义）、合目的性（依其他术语为社会或共同福祉）以及法律安定性（法律和谐或和平）。[②] 第一项要素关乎实现形式问题，第二项则涉及内容，第三项为作用。这两位有师承关系的德国学者在上述论述中明确指出了广义正义或公正内部的合法性、合目的性、合正义性三者的相互关系。合法性、合目的性、合正义性三者之间的关系，在现代法治国家中是极其重要的。合法性是基础，现代司法对合目的性、合正义性的追求必须以合法性为前提，否则就有可能掉进人治的泥潭；而合目的性、合正义性则是合法性的延伸，是在合法基础上对人类各种目的和公平正义的追求。

第一，合法性与合目的性之间的关系应当被辩证对待。司法的合法性在我国特定的政治体制下表现为司法裁判与司法活动应当符合宪法与法律的规定。通俗来说，司法合法即依法裁判，实质在于执行人民的意志。公正司法目标的实现必须以司法的合法性为基本前提，而后者又为前者的实现提供了保障。这是因为法律作为正义判断的标准，已经成为人们所普遍认同、共同遵守的行为准则，是为法院提供判案准绳的基本工具。然而，法律并非完美无瑕，亦非无所不能。法律也存在着缺陷，这与法律的安定性、可预见性以及滞后性有关。因而，合法性价值并不能成为人类所追求的最高价值。合法性价值仅仅要求行为与法律相符，但这并不能帮助人类实现其所追求的所有价值目标。因为人们所追求的价值目标多元而复杂，合法性只是其中之一。

① 参见［德］古斯塔夫·拉德布鲁赫：《法哲学》，王朴译，法律出版社 2005 年版，第 77 页。

② 参见［德］沃尔特·考夫曼：《法律哲学》，刘幸义等译，法律出版社 2004 年版，第 229 页。

正是由于人类追求价值目标的多元性使得司法必须符合多元性的要求。而在这些追求的价值之中，司法活动中的合目的性尤为重要。在合法性与合目的性两者之间，前者是司法活动的基本载体，类似于航行中的船只，而后者则是司法活动的指南，类似于船只航行的导航系统。因而，司法活动只有在合目的性的基本指引之下，才能使其合法性不至于偏离航向。

与此同时，司法的合目的性价值的实现还要求重视法律效果与社会效果的统一。毋庸置疑，司法活动是一项既实现法律目的又实现社会目的的有意义的活动。法律目的与社会目的的实现过程也正是司法活动的过程。一方面，司法活动内在地要求合目的性价值的实现，因为它常常被用来评价司法活动的是非得失。合目的性的指引作用在实践中表现为一切行为与活动均是为了实现预定的目标。在一定程度上，目标成了指引实践活动的基本动机与出发点。另一方面，合目的性在一定范围内具有统率全局的功能。这不仅表现为法律目的的实现，还表现为社会目的的实现，二者的契合方能达成真正的社会实效功能。在该层面上来说，司法活动既应重视法律效果的实现，又应重视社会效果的实现。而要评定以上两种效果是否最终得以实现，只能比较现实实现情况与预设目的之间的差距，亦即从法律和社会目的的实现的现实程度来进行评价。司法活动只有实现了法律目的和社会目的才能称得上是成功的司法活动。在我国全面深化司法改革的大背景之下，处理好法律效果与社会效果的统一变得尤为重要。在我国的司法实践过程中，法律效果与社会效果的有机统一已经成为司法关注的重点。尽管成文法中难寻其踪迹，但其在司法实践中所出现的各种党内文件、司法机关的工作报告等文献资料中常常被提及。事实上，法律效果与社会效果的统一已经成了我国司法实践对司法工作人员的基本要求。与此同时，重视法律效果与社会效果的统一在我国历史上也有迹可循。在我国传统的法律文化中，“情理法”相融，注重司法的伦理性均反映出对法律效果与社会效果的重视。在历史继承的基础之上，法律效果与社会效果的统一是这一法律精神文化的延续。要实现法律效果和社会效果的统一，需要从以下几个方面进行：一是在于实现法律框架内的社会效果。法律效果的实现是社会效果得以实现的基本前提。二是只有在法律的范围内难以实现良好的社会效果或者将带来严重的社会后果时，才能对法律进行超越与变通。但对法律的变通适用与超越并不是任意为之的，而必须依据严格的法定条件与程序。如果缺乏相应的法定程序与条件的限制，将会滋长法官肆意的风险。因而，变通适用或者超越法律只是特殊的情形，大部分时候均须在法律范围之内寻求社会效果，从而实现法律范围内的社会效果最大化。

第二，要正确对待合法性与合正义性之间的关系。合法性在本质上属于形式上的问题，司法实践中，某些司法行为或司法裁判在形式上符合法律的规定，但在实质上违背了公正价值的要求。形式上的合法并不能掩盖其实质不正当的本质，因为这种形式的合法对于社会秩序的危害更大。而这种情形往往与司法权的不正当行使有关。因此，司法活动必须同时实现形式上的合法与实质上的正当，才能达致形式正义与实质正义的统一。法律适用于具体的案件中需要经历涵摄的过程，即法官对法律进行理解，并将法律规定涵摄至案件事实之中。在此期间，法律规范中的不确定性概念将会给法官留有自由裁量的余地。而正当性就是要求法官要正确地行使司法裁量权。法官应当尽可能地按照立法的基本精神与原则来适用法律，即使在法律规范出现不确定概念或者空白时，法官也应当保证不偏离原来立法的初衷。在司法实践中，法官是否有权就某个事项进行裁决或决定，归属于合法性问题；但法官的权力行使是否恰当、合理，则属于正当性问题。例如，法官是否正当地采取强制措施，是否指定充足的期限让当事人收集证据，是否对当事人申请延长时间给予了合理的考虑等。法官的这些行为必须符合司法的正当性要求。

（三）司法公正的基本原则

公正就像普罗米修斯的脸一样，经常变幻莫测，但一般情况下，公正可以从以下三方面进行考察：（1）实质与形式；（2）实体与程序；（3）客观与主观。正因为公正价值的相对性和不确定性，我们不得不寻求形式公正、程序公正和主观公正作为一定的参考系，作为达致实质公正、实体公正和客观公正的桥梁，但我们应当牢记：这些形态的独立不是我们的终极目的，不能在追求公正的道路上迷失自己，切不可舍本逐末，故不可放弃寻求实质、实体和客观公正的努力。另外，由于实质公正、实体公正和客观公正的相对性，公正的实现必须借助于形式公正、程序公正和主观公正。因此，我们主张更高类型的司法公正观。而所谓更高类型的司法公正观必然是公正三个方面的有机统一。

1. 统一形式公正与实质公正

作为人类所共同追求的美好目标，公正历来受到人们的重视，但对于何为公正却存在不同的意见。然而，不论国别，公正均有着共同的属性。按照公正表现的形式不同，人们一般将公正划分为形式公正与实质公正两个方面。司法公正也同样适用该分类方式，即也可以分为司法形式公正与实质公正，前者解决的是司法活动的合法性问题，被认为是后者得以实现的基本形式，而后者解决的则是司法活动的正当性与合理性问题。在实践中，人们对同一案件的正义判断常常会呈现出两种完全不同的意见，某些人认为只要形式上公正就是公正，某些人认为满足形式公正的要件而不符合实质公正的要件在本质上仍然是不公正的。这主要是因为他们看待问题的角度不同而导致的。作为司法的主体，人们对司法裁判结果的认同与否直接与其自身对公正的理解有关，但司法不可能满足每一个人的公正需求。在中国特色社会主义制度之下，司法的公正一直以来都是坚持形式公正与实质公正的统一。马克思及其理论的继承者们主张，形式公正既要求严格按照法律规定办事，又要求不能固守法律条文的字面意义，必须对法律条文规范之后的正义进行追求。这是因为法律规范为公正提供了统一的标准。如果缺乏法律规范、法律原则以及法律精神对司法裁判活动的指引，而仅凭法官个人的价值观与良知来作出裁判，那么势必会导致司法秩序混乱不堪，因为主观的价值观与良知会因人而异。若以之为裁判依据，那么司法裁判依据的权威性、统一性、安定性与可预见性将会面临朝令夕改的风险。形式规则的丧失不仅不会促进实质正义的实现，还会导致司法成为强者话语权得以施展的舞台，司法定分止争功能将无法实现。然而，另一个极端即盲目地遵从法律文本及其字面意义，而完全无视法律背后所要求的实质正义，也是不可取的。对形式规则的过度依赖势必会导致刻舟求剑、舍本逐末、机械司法等错误。由此可见，形式公正与实质公正两者是有机统一、不可分离的。社会主义司法价值的核心也正是要实现这两者之间的有机统一，从而实现司法秩序的稳定。

2. 统一实体公正与程序公正

实体与程序是一对相对的概念，对两者进行区分主要是因为法律实体需要借由一定的程序形式方能得以实现。正义价值的实现常常需要历经一个比较漫长的过程，其不仅关涉价值问题，还涉及与人们的交涉与互动过程。事实上，实体公正的实现与程序公正的实现是紧密联系的，必须理性地对待两者之间的关系。具体来说，需要从以下几个方面进行综合考量：首先，理性对待两者之间的关系意味着既要看到程序在实现公正方面的重要意义，又要看到程序的局限性。程序最终是由人类来设计、操作与实施的，程序能否百分之百地反映实体问题也就很容易受到人的主观因素的影响。在司法审判程序中，这种主观因素的影响力显得尤为突出。在司法实践中出现了一种观点，认为“程序完成即实体公正”，这是不可取的。总结过去失败的经验教训，我们发现，以实体公正为由排除适用程序的做法需要得到纠正，以程序公正为由掩盖实体不公的现象也需要得到遏制。在实体正义与程序正义两者之间，前者往往被视为是第一位的，后者则被排在第二位。后者的制度设计与操作安排均须符合前者的基本要求，才能称得上是科学、合理与正当。在诉讼程序中，强调实体与程序公正的统一意味着司法活动应当严守法定程序，确保司法相关主体正确、正当、有效地行使权力 / 权利，履行职责与义务。

3. 统一客观公正与主观公正

主观与客观也是一对相对应的概念。主观公正侧重的是作为司法主体最为重要的一方当事人对司法活动、司法裁判的主观感知，而客观公正强调的则是对案件事实的判断是否符合法律规定，在一定程度上反映出人们对裁判结果的共识。由于与司法裁判之间的利害关系并不相同，人们理解与认识法律的角度也不相同。这也就限制了主观公正不可能成为司法活动是否公正的衡量标准。因为人们的主观司法公正观不仅具有多元性、复杂性的特性，还常常具有不确定性。因而，衡量司法公正的标准最好是科学而客观的。与此同时，若司法活动在客观上或事实上具有公正性，但其公正性仍需要通过主观公正来逐步形成。因此，只有实现主观公正与客观公正的统一，才能达到真正的司法公正价值目标。为了实现两者之间的统一，司法实践需要弥补司法工作人员与社会大众在公正的认知上的客观差异。具体来说，可以通过以下措施来实现：一是增强裁判文书中针对当事人争议焦点与裁判依据的说理，让司法裁判有理有据。当事人也获得了解裁判过程与裁判依据的机会，从而提升对司法活动的认同与信任。二是增强裁判文书在人民群众中的可理解度。在文字表述方面，法官应尽量用人民群众能够听得懂、听得明白的语言，使得群众能够充分理解裁判内容。三是尊重民俗民意。法官在案件办理过程中想要获得人民群众的认同，离不开对民俗民意的理解与尊重，只有建立在加强沟通、宣传与理解的基础之上，才能赢得更多人民群众对司法活动的支持。

二、深化司法体制综合配套改革的重要意义

（一）深化司法体制综合配套改革标志着司法改革取得了重大成果

深化司法体制改革是公正司法的重要保障，也是法治中国建设的重要环节。党的十八大以来，党中央对深化司法体制改革作出了战略部署，在党的领导下，我国大刀阔斧地进行司法体制改革，取得了举世瞩目的成绩。法院组织体系更为完善，员额制改革持续推进，司法更为公开透明，司法为民的宗旨得到有效贯彻，执行体制机制逐步完善，“执行难”问题得到基本解决。可以说，法院依法独立公正行使审判权，检察院依法独立行使检察权，这都已经从制度上得到了有效保障，实际运行中也得到了基本贯彻。总体上，司法体制改革的主体框架已经建立，“四梁八柱”已经搭建平稳，综合配套改革也顺势提上日程。这实际上也是对党的十八大以来司法改革方向的认可及司法改革成绩的肯定。

（二）深化司法体制综合配套改革标志着司法体制改革向纵深推进

司法是治国重器的组成部分，是全面推进法治中国建设的重要一环。党的十九大明确提出深化司法体制综合配套改革，意味着在司法体制改革主体框架已完工的基础上，仍然需要对司法体制的辅助性、配套性制度进一步予以完善，以达到司法改革的目的。按照党的十九大报告的要求，努力让人民群众在每一个司法案件中感受到公平正义，将是进一步推进司法体制综合配套改革的意义和目标所在。2017 年 8 月，中央全面深化改革领导小组第三十八次会议审议通过《关于上海市开展司法体制综合配套改革试点的框架意见》，确定上海先行先试司法体制综合配套改革。这是司法体制改革向纵深推进的号角。可以说，综合配套改革有两方面的实践意义：一是在原有司法

体制改革成果基础上的整体和协调推进，意在完善司法体制机制。二是针对司法改革过程中出现的新情况、新问题提出解决方案，旨在提升司法改革的成效。

（三）全面准确落实司法责任制是司法体制改革的核心

党的十八届三中全会提出“让审理者裁判，由裁判者负责”，司法责任制改革全面铺开。党的十八届四中全会提出了“实行办案质量终身负责制和错案责任倒查问责制”。到2015年，最高人民法院发布了《关于完善人民法院司法责任制的若干意见》（法发〔2015〕13号），围绕审判权力运行机制、司法人员职责和权限、审判责任的认定和追究、法官的履职保障等问题提出了具有操作性的意见，司法责任制改革逐步进入核心领域。审判权应当如何运行？司法人员的权责边界为何？应建立怎样的责任追究制度以有效保障司法人员依法履职？这都影响到司法责任制“让审理者裁判，由裁判者负责”这一基本目标的实现，而只有这一基本目标得到了实现，人民法院才能真正实现依法独立公正行使审判权，人民群众才能感受到公平正义。因此，其在司法体制改革中具有举足轻重的地位。可以说，“司法责任制改革是司法体制改革的基石，对提高司法质量、效率和公信力具有决定性影响”。[①]

三、深化司法体制综合配套改革的主要任务

党的二十大报告指出：“深化司法体制综合配套改革，全面准确落实司法责任制，加快建设公正高效权威的社会主义司法制度，努力让人民群众在每一个司法案件中感受到公平正义。”党的二十届三中全会通过的《中共中央关于进一步全面深化改革 推进中国式现代化的决定》进一步要求“健全公正执法司法体制机制”。深化司法体制综合配套改革的基本追求就是“让审理者裁判”，全面准确落实司法责任制的核心内容则是“由裁判者负责”。“努力让人民群众在每一个司法案件中感受到公平正义”则是司法体制改革的目标。为了实现这一目标，就应当分解当前改革任务，将改革内容落到实处。具体而

① 孟建柱：《创新理念思路体制机制推动政法工作再上新台阶》，载《民主与法制》2017年第7期。

言，深化司法体制综合配套改革和全面准确落实司法责任制的主要任务主要是以下三项。

（一）切实放权给法官、检察官，突出司法权核心地位

“让审理者裁判”意味着要充分赋权、放权给法官、检察官，由承办案件的法官、检察官对案件处理结果负责。司法体制改革过程中，员额制改革、司法人员分类改革等各项基础性改革已经取得了重大胜利，“让审理者裁判”已经有了坚实的制度基础，但是要发挥出各项制度的功能，必须由点到面，进一步全面、系统、深入推进改革，剔除影响改革目标实现的制度藩篱。同时，应建立起相关配套制度填补制度之间的“空隙”。司法体制综合配套改革的核心就是改革既有制度，区分司法监督管理权和司法权，切实将司法权放权给法官和检察官。

首先是理念的转变。法院、检察院的基本职能是履行司法职能，确保司法权依法独立公正高效行使，只有明确法院、检察院的职能定位，将工作重心放在案件质量的提高上，法院、检察院才能从行政管理、社会事务中抽身出来，真正重视法官、检察官法定职权职责的行使，管理者才会想方设法地建立制度督促法官、检察官将精力投放到司法职权上。只有法官、检察官真正行使好自身的职权职责，公平正义才有可能。

其次是建立权力清单制度，科学划定法院、检察院的办案权限，明确司法权和司法监督管理权的具体职权职责范围。一方面，哪些是办案法官的职权职责，哪些是属于庭长、科处长、院长、检察长的管理和监督职责，可以通过权力清单予以具体规定，泾渭分明。权力清单作为一项重要的配套制度，不但要符合司法规律，注重清单的科学性和可实施性，而且应当注重放权与监管相结合，将权力与责任紧密结合起来。

最后是健全司法权运行机制。新一轮的司法改革强调法官依法独立办案与院庭长的审判监督管理权，健全完善院庭长对案件的阅核制，确保法律适用与裁判尺度的统一。

（二）建立健全科学的配套管理制度

员额制改革后，案多人少的矛盾更为凸显，这已成为实现司法改革目标的重要绊脚石。在巩固司法体制改革已取得成果的基础上，建立健全科学的配套管理制度，为法官、检察官依法公正高效行使司法权提供保障。

首先，应通过建立法官检察官履职的保障机制，确保其工作积极性。司法体制综合配套改革是要“让审理者裁判，由裁判者负责”，而这一职责的赋予就应当有法官、检察官身份上、物质上的充分保障予以配套。就身份保障而言，应当给予法官、检察官与其职业尊荣及职责压力相一致的保障。一方面，法官、检察官办案不受外部和内部权力的干预，非法定事由和法定程序，不得对法官、检察官进行处分。另一方面，法官、检察官有权拒绝非法定职责范围内的事务安排，并确保法官和检察官的权益能得到充分的保护。就物质保障而言，让法官和检察官拥有维持体面生活必需的物质条件，这是法官检察官履职的基本物质保障。在“法官单独职务序列”和“检察官单独职务序列”基础上，建立科学的法官和检察官薪酬待遇制度，并确定薪酬待遇定期有序增长机制，这样才能有效激励法官和检察官多办案、办好案。

其次，应建立通过法官检察官助理机制、多元化纠纷化解机制减轻法官检察官的办案压力。法官、检察官助理作为审判辅助人员，可以协助法官和检察官办理审判辅助性事务，让法官从大量的非核心业务工作中解脱出来，专注于事实认定、法律适用等核心问题，以提高审判质量。应从招录、培养、发展保障等方面建立健全符合司法职业特点的法官助理相关制度，并通过立法予以明确。从而使法官助理因有良好的发展和晋升渠道而成为法官的得力助手。这在一定程度上缓解了“人少”引发的问题。但与此同时，应从“案多”的角度探索减轻法官、检察官办案压力的渠道。司法资源有限，一旦涌入的案件数量过多，案多人少的矛盾就会更为突出。通过多元化纠纷解决机制化解纠纷，减少进入司法渠道的案件数量无疑是有效解决这一矛盾的方法。多元化纠纷解决机制近些年来越来越受到关注，但是其适用仍有明显不足，其中最核心的问题没有有效解决，那就是如何引导当事人选择最适宜的方式解决纠纷，通过非诉讼的方式将案件解决在司法之前。这不但涉及社会观念的引导和转变，更需要诸如纠纷解决平台建设、各类纠纷解决人员配置机制、纠纷解决方式的衔接机制等制度的设计与完善。

最后，以信息化助推司法体制综合配套改革。信息化是社会发展大势所趋，也是推进司法能力和司法体系建设的重要方式，其已经成为司法体制改革的重要组成部分。司法领域的信息化水平逐年提高，尤其是审判流程信息公开、庭审公开、裁判文书公开、执行信息公开四大公开平台的建设对于司法公信力的提高有着深远的影响和意义。但是信息化脚步不停，一方面，新型公开平台应不断拓展，司法公开的广度和深度有待进一步拓展，让人民群众看到、感受到公平正义。另一方面，从服务人民群众、服务司法的角度提升信息化水平，“互联网 +”诉讼服务有必要进一步推广应用。在信息化基础上推出的智慧法院将司法体制改革与科学技术进行深度融合，将有力推动司法体制改革的进行，有效提高司法质量和成效。

（三）建立司法人员考核评价机制

司法责任制一直被视为司法体制配套制度改革的“牛鼻子”，是“由裁判者负责”的另一种表达形式。司法责任制的本质是法官、检察官应对其承办的案件负责，如果出现法官、检察官违法违纪或错误裁判等情形，法官、检察官应承担相应的法纪责任，其对于司法公正的重要性不言而喻。为了切实实现司法责任制，应建立科学的违法审判和错案责任追究机制和完善的司法职务豁免机制。

首先，应建立违法裁判和错案责任追究机制。法官、检察官应具备责任心，严格依照事实和法律进行定案，对案件负责。这是在推行“让审理者裁判”改革后对法官、检察官提出的当然要求。违法裁判主要是针对法官、检察官在司法实践中的不当和违法行为。错案的认定标准不一，有学者认为，是针对诉讼过程中法官、检察官认定事实或适用法律上出现的错误。但是笔者认为，对于错案责任追究机制中的错案应作谨慎的分析，即应当理解为主要是因为法官故意或存在严重过失导致了错案的结果，从行为的角度来理解，则主要是法官、检察官违背职业道德规范和行为准则，违反法律的规定实施行为导致了错案的这一结果。当然，责任追究的主体和程序等都应予以明确。

其次，应建立司法职务豁免机制。为了保障法官、检察官能够自主履行司法职能，应赋予法官、检察官特定行为、言论等的豁免权。不但要通过立法明确法官、检察官责任豁免的范围，而且要明确司法职务豁免与司法责任制之间的关系与界限。只有这样，才能保证法官、检察官在心无旁骛依法办案的同时，又将自己的行为限定在法定的范围之内。

四、深化司法体制综合配套改革应注意的问题

（一）坚持党的领导是深化司法体制综合配套改革的根本保障

司法体制改革的“四梁八柱”搭建好后，党的十九大报告提出深化司法体制综合配套改革，可以说，司法改革正往纵深方向推进，这必将进一步影响既有公权力的格局，触动更深层次的利益矛盾。与此同时，司法体制综合配套改革不但关涉司法权本身的合理化配置和运行机制的完善，而且关涉司法体制中管理和监督权力的调整以及人财物等配套措施的完善。司法体制综合配套改革是一个复杂的系统工程，其有序推进不但需要遵循司法规律，而且需要强有力的组织保障和支持。党的十九大报告明确提出，成立中央全面依法治国领导小组，加强对法治中国建设的统一领导，这为深化司法体制改革综合配套提供了坚强的组织保障。

《全面推进依法治国的决定》指出，党的领导是中国特色社会主义最本质的特征，是社会主义法治最根本的保证。把党的领导贯彻到依法治国全过程和各方面，是我国社会主义法治建设的一条基本经验。作为法治中国建设最根本的保证，党的领导具有极端重要性。全面深化司法改革需要加强并改进党对法治工作的领导，并将党的领导贯穿于全面依法治国的全过程之中。具体到司法体制综合配套改革中，我们要坚持党总揽全局、协调各方的领导核心地位，坚持党支持司法的这一基本遵循，充分发挥各级党组织的积极作用，只有这样才能确保改革顺利推进。

司法权源自人民，改革应当体现其人民性，司法体制改革和司法体制综合配套改革的最终目的都是让人民群众感受到公平正义。随着物质生活水平的提高，人民群众对于美好生活的向往更为迫切，就司法而言，人民群众对公平正义的追求就成为改革的动力。在深化司法体制综合配套改革过程中，要坚持党密切联系群众这一优良作风，积极广泛听取人民群众意见，关切人民群众的需求与期待，制定出既尊重司法规律，又尊重国情民意的改革举措，使改革得以顺利进行。

（二）深化司法体制综合配套改革应树立辩证的法治观

司法权能与司法责任二者存在辩证关系。在司法权能方面，传统上认为，司法的主要功能在于定分止争，因而其并不直接参与国家治理。然而，党的十八届四中全会对司法的功能进行了重新定位，认为司法不仅仅是定分止争的工具，还应当是权利救济、权力制约的重要机制。因而，从这一角度来看，司法也可以成为国家治理的直接工具。作为国家治理体系的重要组成部分之一，司法机关职能的实现就是国家治理能力与治理目标的重要体现。与此同时，司法机关在履行其职权方面也需要尊重宪法与法律的尊严，维护公民合法权益、社会公平正义以及国家安全稳定，并加强人权的司法保障。在司法职责方面，司法责任制的确立为明确各类司法人员的工作职责与工作流程，提升司法公信力提供了保证。全面深化司法改革不仅需要强化司法者的权能，而且需要强化司法者的责任。强化司法者的权能是现实需要，强化司法者的责任则是强化司法者权能的前提基础。[①] 只有做到这样的辩证对待，才有可能在增加司法"正能量"的同时，通过司法责任制预先堵住司法权滥用的风险和弊端，使其正能量的发挥成为一种新常态。

深化司法体制综合配套改革需要坚持一种辩证的态度，以辩证思维为指导。具体来说，辩证地对待司法体制综合配套改革需要从以下几个方面入手：在决定是否改革某项制度时，要全面准确地评估该制度的利弊得失；在推行改革措施时，要注意处理好破与立的关系，弄清楚哪些当破，哪些当立，破立并举、先立后破，在破立统一中实现改革蹄疾步稳；在解决存在的问题的同时，必须弄清楚问题产生的真实原因之所在，以便对症下药；在分析原因时，要弄清楚主要原因和次要原因，以便综合治理和辩证施治；在采取措施对策时，切忌简单化、一刀切，要进行类型化处理，分类施策，进行合理的差别对待；在进行制度创新时，要注意避免一种倾向掩盖另一种倾向，尤其要避免"旧病"未除、"新病"叠加，反而形成疑难杂症；在采用新体制、推行新制度时，也要注意分析新体制、新制度可能带来的弊端，并预设举措予以消除和克服，以免因新的弊端而削减或抵消改革成效，或使改革无功而返。

---

① 参见江必新:《以公正司法提升司法公信力》，载《法学研究》2014 年第 6 期。

总之，要坚守中道，不走极端，留意平衡，统筹兼顾，如此，则司法体制综合配套改革成功在望，公正司法可期，司法公信力大幅度提升指日可待。

（三）落实司法责任制必须处理好司法权与司法监督管理权之间的关系

党的二十大报告强调，强化对司法活动的制约监督，促进司法公正。司法权是司法责任制的核心内容，首先要确保审判权和检察权依法独立行使，真正实现“让审理者裁判”。如果审判权和检察权无法独立行使，那么司法公正如无根之木，无从谈起。另外，严格司法意味着要严格规范司法权的行使，而司法监督管理权是确保司法权正确规范行使的保障，同样不可偏废。

以前，法院院长、庭长的审判监督管理以具体个案为重点，行政化的审批机制直接干预了法官的审判权，从而导致了司法监督管理权与司法权之间界限模糊、权能混同。要处理好二者之间的关系，关键是要区分该两种权力的权力属性和行使方式。审判权是一种本源性权力，其能够直接对案件的事实和法律问题进行判断并作出裁决。审判监督管理权则不然，其更大意义上是促进和保障审判权依法行使的非本源性权力，其不能直接作用于案件的事实和法律问题，而主要是通过规范、引导和监督审判权的行使，以提升司法责任制的成效。应当说，经过审判流程公开、庭审直播公开、裁判文书公开、执行信息公开等一系列的改革举措，审判权的行使已经逐步规范化，而司法监督管理权规范行使的具体机制还有待完善，以实现放权到位和有效监督的统一。

◉ 第四章 ◉

法治中国建设的基础工程
——法治社会建设与社会治理

在经历“文革”全面否定法治的混乱局面后，党中央对中国的过往教训进行了深刻反思，重新提出并开始实践民主与法制。改革开放后，中国的民主法治探索持续深入，民主法治建设如火如荼，并在中国共产党的领导下形成了中国特色社会主义法治道路。整个法治建设的进程展现出了两条清晰的脉络，一纵一横，纵向的是从法治文本创制（包含规范及制度体系的文本）到法治理念及精神的逐步提升；横向的是从以依法行政为突破口到依法执政、科学立法、严格执法、公正司法的推进，再到社会各方面事业法治化的全面铺陈延展。进入新世纪后，中国在法治建设方面注重两手抓，在推进法律制度文本的建立和完善的同时，将在观念层面建设法治放到了极为重要的地位。从纵向发展看，经过持续不懈的努力，以宪法为统帅，由法律、行政法规、地方性法规等组成，多法律部门有机统一的有形法律体系于 2010 年初步建成；党中央亦通过“树立社会主义法治理念”（2005 年）、“弘扬法治精神”（2007 年）、“重视社会主义法律文化建设”（2009 年）同步致力于无形的法治观念载体的发掘与培育。[①] 从横向延展看，1997 年党的十五大提出依法治国是党领导人民治理国家的基本方略，同时指出其目标是旨在“保证国家各项工作都依法进行”，到 2007 年，法治建设目标的表述从“国家各项工作都依法进行”更新为“实现国家各项工作法治化”，“法治化”的提出不仅是法治理念的更新，更是法治内容的充实与拓展；到 2012 年年末，习近平总书记正式提出“坚持法治国家、法治政府、法治社会一体建设”，其后，该表述被纳入党的十八届三中和四中全会的报告，这意味着法治在社会各方面事业全方位开展，也代表着法治中国建设的全面推进。党的二十大报告特别强调：“加快建设法治社会。法治社会是构筑法治国家的基础。”

“法治国家”和“法治政府”一直以来广为人知，已经有着自己的明确内涵和外延，自 2012 年始，“法治社会”被正式提到建设议程中。在法治中国语境中，如何理解法治社会的内涵与外延及其特性，如何厘清法治社会与法治国家、社会管理法治、社会法治国等相关范畴的关系，如何确定法治社会在法治中国建设中的地位并描述其基本样态，如何判定其在法治中国、社会发展和中国转型进程中的意义和作用，如何确定法治社会建设的目标并达致该目标等，这些都是本课题必须直面并予以解决的问题。[②]

① 参见江必新、王红霞：《法治社会建设论纲》，载《中国社会科学》2014 年第 1 期。

② 本章观点及主要内容已在本课题阶段性成果中体现：江必新、王红霞：《法治社会建设论纲》，载《中国社会科学》2014 年第 1 期；江必新、王红霞：《社会治理的法治依赖以及法治的回应》，载《法制与社会发展》2014 年第 4 期；江必新：《以党的十九大精神为指导加强和创新社会治理》，载《国家行政学院学报》2018 年第 1 期。

第一节 法治社会的基本内涵与重要意义

一、法治社会的基本内涵

“法治社会”一词的使用有着较长的历史，[①]目前，该词仍被广泛使用，但在不同的语境中含义有所区别。由于“社会”的基本含义是指人们以共同物质生产活动为基础，按照一定的行为规范相互联系而结成的有机总体。可以说，其是与“自然”相对而存在的人类活动以及形成的相互关系的总称。这一含义也就意味着最初的“社会”的概念是包含了国家和社会的“国家—社会”一体化的大社会概念，而在此含义上指称的所谓“法治社会”则主要区别于“人治社会”，指的是有法治或法制的社会。基于此意义上的“法治社会”与“法治国家”并无二致。应当说，这一概念有着形成的社会基础，“文革”期间的“法制虚无”和“人治”导致的社会混乱使得人们对法治社会有着直接的渴望和期待，此时区分“法治国家”和“法治社会”等词的内涵和外延还不够迫切。

改革开放后，随着法治理论的不断丰富和法治实践探索的不断深入，也伴随着经济发展带动下的社会转型，“法治国家”和“法治社会”从内涵外延上的分离逐步加快，一些研究者开始从相对独立于国家的社会层面提出法治社会问题，如林喆等，[②]这些研究也逐步引起了国家层面的关注。2012年年末，“法治国家、法治政府、法治社会一体建设”命题被习近平总书记提出。[③]之后，习近平总书记在多个场合再次提到这一命题。可以说，这是法治社会

---

① 国内至少在1959年就开始使用“法治社会”一语。参见炽亚：《国际法律学家会议发表德里宣言》，载《现代外国哲学社会科学文摘》1959年第5期。

② 参见林喆：《重述法治社会的形成及其特点——兼论法律职业共同体的形成如何可能》，载《金陵法律评论》2002年第2期。

③ 参见习近平：《在首都各界纪念现行宪法公布施行30周年大会上的讲话》（2012年12月4日），载《人民日报》2013年12月5日第2版。

首次作为一个区别于“法治国家”和“法治政府”的相对独立的建设内容被鲜明提出。

准确地理解法治社会的内涵和外延，需要将其与法治国家、社会管理法治、社会法治国等相关或相似的概念进行辨析，通过辨析，法治社会的基本内涵才能逐步显现出来。

（一）法治国家与法治社会之辨

社会与国家是人类创造并生存于其中的两类相互区别又密切联系的组织体、共同体与行动体，“代表了两种不同的集体整合方式”。[①]在西方社会，二者的分离主要是在近代后，市场经济的兴起逐步培育出相对独立于国家的社会。中国传统上是一个国家与社会高度合一的国家，直到改革开放后，社会主义市场经济制度在中国逐步确立，中国逐步融入国际社会，在此过程中，社会结构发生转变，利益出现分化，社会与国家日渐分离，“社会”逐步成为一个独立的生活领域。

在中国，法治国家和法治社会从用语上常常被通用，未加严格区分。但自习近平总书记提出法治一体化建设后，进一步厘清法治社会与法治国家的区别，分析并揭示出法治社会相对于法治国家的特有内涵、外延及其特质，就具有了极为重要的价值。法治国家与法治社会关系十分密切。有学者主张，二者是涵括关系，强调法治国家是较法治政府、法治社会更大的概念。[②]也有学者认为，法治国家与法治社会二元并存是“一体之两面”。[③]对此，笔者倾向于后一种见解。应当说，德国学者毛雷尔对法治国家已经进行了界定，按照他的观点，法治国家是公民之间、国家与公民之间以及国家内部领域的关系均受法律调整的国家，其标志就是所有国家权力及其行使均受法律的约束。[④]应当说，这一界定阐明了法治国家的核心内容是国家权力的法治化。基

① 郑杭生、杨敏：《社会与国家关系在当代中国的互构——社会建设的一种新视野》，载《南京社会科学》2010年第1期。

② 参见杜晓：《“法治国家法治政府法治社会论述”引关注：权威解析三个“法治”为何要“一体建设”（李林接受采访的内容）》，载《法制日报》2013年3月1日第4版。

③ 卓泽渊：《法治国家论》，法律出版社2008年版，第54~56页。

④ 参见［德］哈特穆特·毛雷尔：《行政法学总论》，高家伟译，法律出版社2000年版，第105页。

于此，笔者认为，法治国家与法治社会的区别主要体现在三个方面：其一，法治的核心内容有所区别。狭义上的国家是公共权力的联结系统，法治国家包括整个国家权力的法治化，[①]包括国家权力（国家立法权、监督权、重大事项决定权、行政权、司法权等）由法确立、有法可依和依法运行，其核心内容就是政治的法治化。社会是社会成员间的自组织体系，法治社会主要着眼于社会组织与社会成员生产与生活的规范有序，指的是各类社会主体，包括社会组织和公民能够遵守法律，理性生活，正当行使权利和承担社会义务。其核心内容是社会生活的法治化。其二，法治的治理理念与工具有所区别。法治国家强调统一的国家治理，享有国家权力的机关往往处于主导地位，治理工具也常具有一定的国家强制性或者以国家强制力为基本后盾。法治社会则强调多元治理主体的社会共治，因此法治社会往往从有效达致治理目标出发，承认各类治理工具的有效性，合作共治与社会自治得到更多的关注与肯定。其三，法治治理的主要对象有所区别。在法治国家的语境中，治理对象主要是国家公权力，国家公权力的规范及其行使是治理的核心对象，法治的目的是防止公权力的滥用以维护公民权利，当然，法律规则等法规范是主要方法。而在法治社会的语境中，规范社会组织和个体社会成员的行为及其互动是其主要内容，此外，规范社会权力是法治社会的主要治理对象，除了法律外，自治规范、习惯等发挥着更重要的作用。

（二）社会管理法治与法治社会之辨

“社会管理”这一概念在法规范中使用较早，用于指称一种社会秩序的静态含义，在《刑法》《治安管理处罚法》等法规范中被广泛运用。[②]其往往体现为一类违法或犯罪行为，如在刑法中有一类罪名为妨害社会管理秩序罪，其侵犯的客体是国家对社会的管理，包括国家对公共秩序、公共卫生与健康、社会风化以及环境自然资源等的管理活动。党的十六届四中全会后，中共中央高度重视社会管理，提出了“党委领导、政府负责、社会协同、公众参与”等社会管理格局，强调加强和创新社会管理。实务界和理论界一致认为，社

① 参见姜明安：《论法治国家、法治政府、法治社会建设的相互关系》，载《法学杂志》2013年第6期。

② 参见邓联繁：《社会管理概念的法规范分析》，载《中国法学》2012年第2期。

会管理创新同样应当在法治框架内进行。与此同时，一般认为，“社会管理”是与宏观调控、市场监管和公共服务并称的政府职能之一。

虽然公众参与是社会管理的重要方面，但党委领导和政府负责仍然是主要方面，可以说社会管理的本质仍是要发挥政府的主导地位作用，社会或公众难有主体地位。实践中更是由党委和政府主导，尤其在“维稳”的高压态势下，社会管理等管制色彩浓厚，社会或公众往往是被管理的对象。党的十八大后，我国治国理政的理念得到升华，尤其是党的十八届三中全会后，全面深化改革成为党和国家最重要的任务，而其本质就是全面推进治理改革，是从国家管理、政府管理、社会管理到国家治理、政府治理、社会治理的全面提升。治理与管理有着明显的不同，管理强调自上而下的单向权力运作，而治理则不然，它不但重视权力来源的多样性，除国家权力外，社会组织自治权、居民自治权等都成为治理的合法权力来源，而且权力（利）的行使不再只是自上而下的组织、指挥（命令）和控制，上下平等协商、协调互动、合作治理已成为趋势。通过比较可以看出，治理较之管理有着明显的优越性，并已成为当代民主的新形式。① 法治社会正是适应了这一理念的提升，强调社会自我管理、自我监督、自我服务、人人参与的社会自治格局。因此，较之社会管理，治理理念下构建的法治社会在认同政府社会管理职能的基础上，强调将这一职能目标化，注重从目标设定和制度供给来实现社会的良性运行，这不但注重合法性，而且将有效性作为重要考量因素之一。基于此，法治才能真正成为社会良性运行的基本保证。为了有效达到社会治理目标，政府不再是唯一主体，非政府性组织等各种社会力量可以在法治框架和法治道路中自由博弈，政府在法治社会中的地位由管理性转向备位性（详见后文论述）。当然，从制度供给上讲，除法律法规外，不与法律法规相抵触的自治规范、基于协商一致达成的协议等都可以作为制度依据。

---

① 参见江必新、李沫：《论社会治理创新》，载《新疆师范大学学报（哲学社会科学版）》2014年第2期。

（三）法治社会与社会法治国之辨

“社会法治国”是与自由法治国相对应的一种法治形态。[①] 其与法治社会是两个完全不同的概念。首先，法治社会与社会法治国的侧重不同。社会法治国着眼于“服务”与给付，侧重于国家承担社会主体“生存照顾”的义务，法治社会则侧重于社会运行的规则之治。其次，法治社会与社会法治国的本位设定不同。虽然作为社会法治国基石的生存照顾义务源于社会本位，但由于形成的社会法治国本质上仍是国家主导：国家以服务的名义仍保持着公权力对社会的控制与支配，因此，后者仍然是国家本位的。而法治社会是在规则治理基础上的社会自我主治。

比较法治社会与相关概念的区别，有利于进一步明确法治社会的主题、主体和本位等基本问题。与法治国家比较而言，法治社会的主题在于社会生活的法治化，而不是政治生活的法治化。与社会管理比较而言，法治社会的主体不再是国家公权力主体，而是将各种社会力量，包括社会组织和个体成员等都作为了法治社会的重要主体。与社会法治国比较而言，法治社会强调的是社会自治，社会自我治理是法治社会的本位，其不同于社会法治国的国家本位。综合起来，法治社会是法治国家的对应面。法治型社会管理以及社会法治国对应的是近年来国家围绕社会管理与公共服务的职能转型，两者本质上仍是国家本位主义，强调国家公权力的作为，而法治社会则不然，其社会优位主义虽然在法治道路上与法治国家一脉相承，但其在本位预设上已有了质的不同。

综上，笔者认为，对法治社会的基本内涵可以从以下几方面进行概括，其一，制度面。社会生活的方方面面均有国家正式法律与社会自治规则及习惯等形成的完备的、融贯的、科学的规则系统。在这一层面，多元的规则形成的广义规则系统具有基本的共同属性要求，即良善规则或法之合法。其二，心理面。社会群体和成员在思想、观念上认可规则之治的理念与精神，并由

---

① 有学者将其特征概括为由具有福利国家思想的立法者制定法律，主导社会发展，规范和分配社会生产的成果，从而使政府由消极的管制行政转变为积极的“服务行政”，为人民提供指导型和服务型的公共产品。国家不只拥有发布命令的权力，同时还要履行满足公众需要的义务。通过推行积极的社会政策，创造良好的社会环境和条件，保障社会主体能发挥自己求生存和谋福利的潜能，保护和补偿处于弱势的社会群体，平衡贫富两极分化的不公正、不和谐的社会矛盾。

此在行动和生活中自觉服从与践行，简称为法之认同。其三，秩序面，由上述二者作为内在支撑的社会自主运行，社会各类组织、成员与国家各职能部门形成自治与统治分工协作，即跨越统治与自治之共治秩序。

二、法治社会建设的意义

法治社会建设具有深刻的理论价值和现实意义，主要体现在法治自身运行、现代社会发展和中国转型三个方面。可以说，法治社会既是法治的升级，是法治从国家层面向社会层面的深化，也是对人情社会的反思和重构，是社会发展理念和社会运作机制的调整与转变。法治社会建设也是转型期中国的必然选择。

（一）法治社会是法治的深化与升级

第一，法治社会是法治国家的基础。关于法治社会与法治国家的逻辑关系，前面也略有提及。学界一直存在不同看法，有观点主张法治国家是法治社会的基础，[①] 亦有观点强调法治国家以法治社会为基础。[②] 本书认为，法治社会是法治国家的基础。

首先，从发生学层面上说，社会是国家的母体和原生体，[③] 社会决定国家是国家和社会关系的主要方面，因而建设现代法治必须以社会为起点或主要方面，没有法治社会就不可能存在法治国家。此外，从现实层面看，法治国家不可能独存，它必须以社会的法治状态作为其基础性支撑，没有社会对法治的信守和尊重，所谓的“法治国家”也只能是立法国家，法律无法得到信赖、运用和贯彻实施，这样的“法治国家”犹如空中楼阁。应当说，法治社会是法治国家的根基。

其次，我国的法治发展有一定的特殊性，但并不能否定法治社会的基础性地位。法治的发展具有一定的阶段性，不同国家在不同历史时期具有不同

---

① 参见卓泽渊：《法治国家论》，法律出版社 2008 年版，第 51 页。

② 参见姜明安：《论法治国家、法治政府、法治社会建设的相互关系》，载《法学杂志》2013 年第 6 期。

③ 参见《马克思恩格斯选集》第 4 卷，人民出版社 2012 年版，第 408~409 页。

的法治任务与建设重心，法治道路的选择也依国情有所不同。从应然层面上看，转型国家的核心问题在于国家公权力是主导转型的核心力量，而转型本质上又是国家公权力的退缩与回归。此一悖论的解决方法，唯有法治。因此，在我国法治建设初期，首要的任务就是建设国家法治，即规范和控制国家公权力，只有这样，公民权利才能得以彰显和保障。在国家公权力得以控制的前提下，法治社会才能得以发展。从实然层面上看，中国“依法治国”的推行从一开始便表现出“依规治国”的强劲势头。执政党以“法治国家”作为国家“政治文明”建设的目标，更多地强调一种执政方式的转变。国家成为建构法治的主体和主要推动力量。[①] 40余年的中国法治实践证明，以国家法治为主导的法治建设在整体上取得了巨大成功，经济社会在其保障下也获得了长足发展。法治国家在中国的前提性地位似乎获得了验证。但该法治建设的特殊道路并不能否定法治社会较之于法治国家的基础性地位。且不论在“法治国家”理念下形成的“大政府、小社会”导致的压抑社会活力等各种社会弊病，就现在的政策和制度导向而言，法治建设的重心已然开始向社会转移，可以说，这一转移既是法治国家的夯基固本之举，更是遵循“社会决定国家”这一内在发展规律而实施的回归举措。只有这样，国家才能在保持法治国家建设阶段成果的基础上，实质性地推动法治向前发展，法治国家才能真正建成。

第二，建设法治社会是突破法治建设瓶颈的有效路径。中国40余年的法治建设在取得了巨大成就的同时，也暴露出了诸多问题，加之转型期社会矛盾和利益分化的加剧，法治建设进入瓶颈期，法治困境也凸显出来。

一是公权力滥用控制乏力。在通过国家公权力来推进法治建设的过程中，由于权力的天然膨胀性，国家公权力的滥用不可避免，基于国家公权力膨胀而滋生的腐败更是难以禁绝。这对法治的权威造成了消极的影响，特别是在网络时代，这种消极影响传播速度更快更广，法治的权威受到了极大的挑战，人们的法治信仰也难以形成。法治社会的建设有助于从系统和环境的角度影响权力行使者的思维和态度，并通过公民与社会组织及其自治形成有效监督

① 参见林喆:《重述法治社会的形成及其特点——兼论法律职业共同体的形成如何可能》，载《金陵法律评论》2002年第2期。

与制约力量，对公权力依法运行形成倒逼，从而克服国家公权力失范的法治建设困局。

二是立法可能侵害法治。国家公权力以有法可依为法治运行的最起码条件。这就要求法治国家建设必须将立法置于首要位置。然而，即使国家公权力能够得到较好运用，立法也可能侵害法治。首先，立法者理性的有限性为立法侵害法治提供了可能，而这种可能性在社会转型期会被进一步扩大。此时，有效缩减这种侵害的重要途径之一就是积极构建社会法治，并通过社会法治有效运行，来弥补国家立法的不足，同时形成对国家法制的有效给养。其次，过度立法和立法匮乏并存形成了一定的立法困境。法律制度建设使得法律规范呈爆棚式增长，立法不断健全，但在某些领域也出现了过度立法的局面，从而导致了一定的法律负累；但与此同时，转型社会出现了纷繁复杂的各种新类型社会关系，很多社会关系尚缺乏法律规范的调整，国家在摸着石头过河的同时，仍存在一定的法律缺位。无论是过度立法还是立法缺位，都会导致社会成员对于立法的不理解、难运用或者无所适从等问题，此时，积极推动法治社会建设，通过非国家法——包括自治规范或非正式制度——的发展，有效解决已有立法领域难以解决的问题，或化解未立法的新领域出现的问题，从而支撑社会的有序发展和良性运行，这无疑是突破困境的有效法门。

（二）法治社会建设回应了现代社会发展的基本诉求

从宏观的角度看，改革开放后的中国社会变迁可以说是一个从传统社会迅速迈向现代社会的历程。[①] 中国的法治建设重心从法治国家向法治社会的移转，可以纳入这一社会大变迁与演进大格局中。通过对这一宏大视角的审视，可以看出，法治社会建设恰好回应了现代社会发展的基本诉求。

首先，对人情社会的反思重构期待法治社会建设。传统上的中国无疑是一个典型的人情社会，人人都生活在一张错综复杂的人情关系网中：亲情、友情、同学、同事、同乡、师生等，纷繁复杂的关系形成了一张张绵密交错的关系网络，渗透并覆盖到国家治理和社会运行的各个领域。亲疏远近决定

① 关于传统社会与现代社会的划分详见高鸿钧：《现代法治的出路》，清华大学出版社 2003 年版，第 245~247 页。

着事情的处理方式甚至结果，办事找关系、遇事托人情，已成为大部分人行事的基本方式。在这样一个将“人情”“关系”奉为圭臬的中国社会，本能地排斥着“不近人情、不分内外”的法治。虽然我国数十年的法治建设使得“法治”已经成为社会共识，但是不得不说，社会运行的方方面面仍然受到“人情”和“关系”的深刻影响。人情社会依然是当前中国社会的重要特征。

人情社会本质上是一种人治社会。人情社会曾在经济体制从计划经济向市场经济的转型中发挥过重要作用。[①]在传统社会，“人情”发挥了一定的调整社会关系和稳定社会秩序的作用，但人情社会极大地破坏了社会的公平正义，也制约了社会的良性发展，人们在对人情社会进行反思时，开始期待一种新的社会形态，法治社会就顺应了这种期待，回应了这种诉求。法治社会就是要改造以“人情”和“关系”为要旨的人治社会，改变“长官意志”的官本位治理方式，改变重关系、人情、权力等非制度因素而罔顾规则的法治虚无主义状态。这是一种从“人治”到“法治”的全面跨越与变迁。

特别值得一提的是，这种跨越与变迁绝非简单地否定或漠视社会伦理人情，而是对传统“人情社会”进行反思后的重建，是在吸纳传统伦理优良品质（如重秩序、重自律）[②]上的重建。传统伦理的优良品质为社会自治规则的形成提供了极为重要的伦理基础和价值标准，某些符合现代社会发展的传统伦理规范也就成了法治规范的重要本土资源，应当说，我们基于反思人情社会而进行重构的社会，是寓情于理，自律与他律相结合，在重视个体发展的同时又能维护社会秩序的法治社会。

其次，对公共理性的培育与提升需要建设法治社会。现代社会的一个重要特征就是理性精神。理性精神包括了试验验证的求实精神、探索本质的求知精神、批判创新的进取精神、互助共进的协作精神，以及强调客观化、标准化、精确化、量化、程序化、制度化和规范化的科学精神。[③]基于理性精神而形成的公共理性是现代社会有序发展的重要精神要素。公共理性是关于现

① 参见陈国权、曹伟：《人情悖论：人情社会对经济转型的推动与钳制——基于温州模式的历史考察》，载《国家行政学院学报》2013 年第 1 期。

② 参见韩升：《中国的现代性启蒙：在传统伦理和现代市民社会之间》，载《伦理学研究》2007 年第 1 期。

③ 参见韩庆祥：《当代中国的社会转型》，载《现代哲学》2002 年第 3 期。

代社会公共生活的价值引导与行为规约，包含自由、平等、民主、法治、公正、效率等一系列价值内容，以及沟通、协调、妥协、宽容、参与、自主、责任等一系列行为规范。[①] 公共理性已经成为政治生活和公共活动的基本价值尺度和行为标准。

法治与公共理性有着天然的密切联系，法治是一种规则之治，法的明确性、确定性、稳定性等特征恰好与公共理性的内核一致，可以说，法就是形式化和规则化的公共理性。事实上，法治也强调要遵循理性、尊重客观规律，防止个人偏私和意气用事，这无疑也是公共理性所要求的。当前，从国家层面讲，法治建设蓬勃发展，国家公权力整体上得到规范，但从社会层面看，群体事件、极端事件接连发生，这反映出个体诉求表达的非理性化，这也给国家公权力造成了巨大压力，导致了国家法治资源的巨大耗损。这种非理性化的表达虽然有着转型期矛盾凸显、法治不健全等客观原因，但从主观方面看，公民法治意识淡薄、公共理性缺失也是极为重要的原因。这就意味着，国家层面的法治建设必须持续推进，与此同时，法治社会建设也不容迟缓，法治社会建设的一项重要内容就是培育公民意识和公共理性，畅通利益表达和诉求渠道，培育公共理性的过程就是将法的价值和精神渗入社会个体内心，使其认同和理解法的精神、价值和原则，同时，使社会个体能够在法治意识的指引下，理性判断和正当表达自身利益，确保其行为基本符合理性。

（三）法治是转型中国弥合社会系统的核心共识

社会转型，是社会发展理念和价值变迁、社会发展主导力量和决定因素转移、社会结构质变、社会运作方式和机制根本转变和社会特征显著变化的历史过程。[②]100 多年前，西方国家遭遇三重转型之际，德国社会学家齐美尔在《美国社会学》杂志发出了“社会何以可能”的经典追问。[③] 西方的问题同样出现在中国，处于社会转型期的中国面临着同样的追问：转型期社会何以可能？

---

① 参见孙肖远：《“善治”出自于“良政”——公共理性视野中的服务型政府建设》，载《江海学刊》2013 年第 3 期。

② 参见韩庆祥：《当代中国的社会转型》，载《现代哲学》2002 年第 3 期。

③ See Georg Simmel，*How is Society Possible*，The American Journal of Sociology，1910（3）：pp.372–391.

在日益全球化的当今世界，国与国之间、个人与社会之间、政府与社会之间在彼此交融的过程中，也出现了一定的互斥关系，碎片化、无中心化、多元化逐步成为社会生活的主要特征，个体主义反而成为一种潮流和具有广泛共识的信仰。世界潮流的涌动同样影响着中国，自改革开放后，我国抛弃了以阶级斗争为纲的陈旧观念，转而将工作重心转移到经济建设上来，社会主义市场经济蓬勃发展，社会生产力得到极大的释放。与此同时，市场经济带来了个体工具主义的快速扩张。个体工具主义主张个人利益至上，将个人在经济利益、自我实现以及个人权力及权威上的成就视为个体价值的核心甚至全部内容，这在彰显个体的同时，也形成了对公共生活和利益的不当挤压，导致社会资本不当流失，社会信任出现危机，以“有机团结”为基本要件的社会不但从纵向上面临着与历史传统的断裂，而且在横向上面临着社会成员之间的割裂。传统上，无论是宗教还是伦理等都能在一定程度上弥合这些裂痕，但在意识形态不断弱化的当今社会，宗教和伦理的作用难以为继，而仅依靠民族血脉和地域上的国家概念来弥合这些裂痕势必难以周全，需要更多的力量参与其间。

2004 年以来，和谐逐步成为中国的一种新的共识，也成为社会转型改革与发展的方向与目标。中国大力推进和谐社会建设，全力打造以国家为主导、社会多元力量参与的社会建设新格局。已有研究虽关注到了和谐社会这一目标，但对于如何实现这一目标尚缺乏足够深入的分析。著名法学家德沃金指出，法律并不是统治者强加给弱者的意志，而是社会共存的保证。[①] 在一切权威均面临质疑的情形下，公平正义是公约数最大的共识性价值，以之为基本内容和运行目标的法治有助于在这一层面重新凝聚共识，由此法治成为促成转型中国“社会团结”的重要机制，成为弥合社会碎片化与重铸信任的核心抓手，能够担当迈向和谐社会的路径保障之责。

（四）法治社会建设是法治中国建设的重要内容

梳理新中国的法治发展历程可以看出，自中华人民共和国成立到“文化大革命”结束的近 30 年间，国家奉行“以阶级斗争为纲”，可以称其为“否

---

① 参见［美］罗纳德·德沃金：《认真对待权利》，信春鹰、吴玉章译，中国大百科全书出版社 1998 年版，第 15 页。

定法治”的阶段；自改革开放至今，国家奉行“以经济建设为中心”，在总结历史教训的基础上开始探索法治建设，到2011年，中国特色社会主义法律体系全面建成，这意味着中国的形式法治已初具规模，该阶段可以称为“形式法治”阶段；即便如此，中国的法治之路依然任重道远。可以预测，接下来的30年甚至更长的时间，是形式法治迈向实质法治的阶段，也是全面建设法治中国的阶段。

实质法治阶段的建设应当直面法治发展中存在的缺陷。本书根据深化实质法治建设阶段的任务，运用类型化研究法[①]对各国法治进程中呈现的缺陷进行划分，主张法治缺陷应分为四个类型：失衡型、失调型和失信型及失重型。[②]所谓法治失衡，即由于种种原因，部分领域/问题的立法健全周密而其他领域/问题的立法则存在缺漏乃至空白，部分领域/环节的法律得到有效实施，部分领域/环节的法律则停留在纸面难以贯彻落实。所谓法治失调，即法律之间及其内部呈现的冲突矛盾缺乏调和。所谓法治失信，即法律制定和实施中的某些武断恣意导致民众对已发布的法，以及通过立法治理社会新问题缺乏信赖。所谓法治失重，是指国家层面的法治系统建设先于社会成长并与社会日益疏离，导致法治深化难以为继，仿佛物体失去重力场的作用而呈现的漂浮状态。

以上四种类型的法治缺陷都是法治中国建设中必须直面的问题，为了克服这些缺陷，应当在法治中国建设的进程中，将法治国家、法治政府和法治社会统筹规划、系统推进。可以说，“法治国家、法治政府、法治社会一体建设”的法治发展路径，是在总结了改革开放后的法治建设经验基础上，认真审视了中国法治缺陷及瓶颈后，对中国法治发展作出的具有导向性作用的重大判断。一体建设不但符合法治的一般成长规律，也符合中国社会的发展现

① 关于法治的类型划分，多从发展的正面进行阐述。如塔玛纳哈的形式与实质法治学说即从单薄趋向厚实的类型划分：形式法治从单薄到厚实分别是以法而治（Rule by Law）、形式合法性和民主合法性，实质法治从单薄到厚实分别强调的是个人权利、尊严权和/或正义、社会福利。See Brian Z. Tamanaha，*On the Rule of Law：History，Politics，Theory*，Cambridge：Cambridge University Press，2004，p.91.

② 国外研究者通过对美国、德国和英国的考察，提出了四种法治缺陷和三类成因，其思考的角度富有启发意义。See Hans-Joachim Lauth and Jenniver Sehring，*Putting Deficient Rechtsstaat on the Research Agenda：Reflections on Diminished Subtypes*，Comparative Sociology，2009（2）：pp.165-201.

状，与此同时，该一体建设，包含了法治国家、法治政府和法治社会的建设，共同构成了“法治中国”的基本内容。

值得指出的是，法治社会是一体建设的基础。就前述四种法治缺陷类型而言，前三种缺陷形态可能存在于各国的法治发展进程中，属于较普遍的缺陷形态；而第四种缺陷形态则更多地出现在转型国家，例如中国。因为，西方国家的市民社会发展较为成熟，而且法治化程度高，这都为其现代化进程提供了坚强而有力的后盾。因此，西方国家的法治建设常将国家法治视为最重要的内容，法治国家的成熟一定会投射到社会领域，助推法治社会的成熟。而中国法治建设则不同于西方国家，国家与社会的发展并不同步，甚至在发展到一定阶段后，国家法与社会可能呈现紧张的关系，此时，法治需要坚实的社会基础，需要社会给予给养，以解决其“失重”的状态。可以说，这是当前中国法治建设的主要矛盾，因此，法治社会建设就成了一体建设中的基础。法治社会的生成在一定意义上将标志着社会转型的完成和法治现代化的实现。①

当然，以法治社会为重心的一体建设，是建设的升级，而并非法治的转型。有一种主张认为，中国正处于法治转型之中。② 笔者认为，转型国家的法治建设道路并不能与法治转型等同。中国的法治虽然吸收借鉴了西方国家的理论和经验，但是在中国国情基础上，对西方理论进行了扬弃式的吸收和借鉴，这并非“追仿”，更非中国法治的改弦更张。应该说，中国的法治建设经历了从无到有的建构阶段，其在吸收借鉴并实践人类社会法治一般规律的基础上，结合中国的实际情况，将法律体系的建立、法治的架构和基本要素的完备作为首要事务。在这一过程中，西方法治模式至多只是给这一阶段的中国法治建设提供了参照和样本。随着法治架构的基本确立和法治要素的基本健全，中国法治建设进入了新的阶段，反思现实问题，回应现实需求，完善法律制度成为法治建设的主要内容，可以说，中国的法治迈向了实质法治阶段，此阶段体现的中国特色会更为突出。但从法治国家到法治政府直至与法治社会一体建设，其均是法治中国建设的重要内容，其在不同时期

① 参见袁曙宏、韩春晖：《社会转型时期的法治发展规律研究》，载《法学研究》2006 年第 4 期。

② 参见顾培东：《中国法治的自主型进路》，载《法学研究》2010 年第 1 期。

的目标、原则和重点是相互衔接、互为因果的。法治中国建设，首先是人类法治文明的“继承版”，其次还是法治建设的“中国版”和中国法治的“升级版”。

当前，中国进行法治社会建设的时机已成熟。首先，中国特色社会主义法律体系的建成为法治社会建设提供了较完备的制度基础，至少从国家层面而言，正式制度已经完备，可以深入到社会层面。其次，依法治国的多年实践为法治社会建设积累了经验，同时也从实践中归纳了问题症结，这为法治社会建设提供了实践基础。制度与实践共同为法治社会建设提供了势能和动能。最后，随着改革的深入和互联网时代的到来，公民和社会组织的权利意识开始萌发、法治意识日渐强化，这些都对法治社会提出了迫切要求。可以说，法治社会建设的充分条件和必要条件均已具备。

法治社会的理想目标是社会依法自治有序运行。但处于转型期的中国，法治社会无法自发实现，国家（政府）主导成为必然选择。总之，法治社会建设应按照以下内容理解：法治社会之“法”，是回应型的国家法和与之融贯的自治规则等构成的多元规则体系；法治社会之“治”，是社会主治、公权备位的互动共治；法治社会之“社会”，是理性、自由、民主的社会；法治社会建设之“建设”，是一个由国家主导，涉及立法、司法多维度的社会法治化的过程。以法治国家、法治政府、法治社会一体化为标志的法治中国，承载着自由、民主价值，是公平正义理想的规则之治，将在以法治社会为重心的建设实践中最终达成。

第二节　法治社会建设的基本特性、方略与举措

一、法治社会的基本特性

“法治社会”一词被广泛使用，反而使得其内涵较为空洞，几乎可以用于所有的法治场合。在一体建设语境中，法治社会成了法治的重要一极，具体

而言，它具有同法治国家、法治政府共同的法治共性元素，当然，“法治国家的‘法治’强调权力控制，法治政府的‘法治’则强调依法办事、依法行政，法治社会的‘法治’更强调人权保障”。[①] 除了侧重于人权保障外，法治社会还具有以下两个基本特性。

（一）法治的融贯性

法治社会之“法”，可以说是广义的法，不仅包含法律法规等正式规范，包含社会团体、自治组织等制定的自治性规范，还包含各种类型的群体和组织中的习惯、惯例等无形性规则。正如有学者主张：“社会中的习惯、道德、惯例、风俗等社会规范从来都是一个社会的秩序和制度的一个部分，因此也是其法治的构成性部分，并且是不可缺少的部分……没有这些非正式制度的支撑和配合，国家正式的制度也就缺乏坚实的基础。”[②] 因此，法治社会的“法”，或者说它的规则是广泛而多元的。

融贯性是德沃金法律哲学的核心范式。德沃金认为，整个法治系统应呈现原则的一致性。依据法治的不同环节，融贯性可以划分为两部分：作为立法原则，要求立法者必须试图使其制定的法律在道德上是融贯的；作为裁判原则，则要求法官尽可能地将法律视为由一组融贯的原则所构成的整体。具体到法治社会建设语境之中，融贯性则是指法治社会的具体规则之间，以及规则与法治实践之间，在价值取向以及基本原则上应具有一致性。具体而言，包括两个方面：一是规则之间的融贯，也就是，法治社会的正式规则与非正式规则在价值取向和基本原则上具有一致性，即法律、法规等正式规则与自治规范、习惯惯例等非正式规则应在价值取向和基本原则上一致；二是规则与行为实践的融贯，具体而言，是指法治社会融贯的规则体系所承载的法价值和法原则能真正获得社会主体的认可与遵从，这些法价值与原则能真正指导或影响社会主体的决策和行动。当然，这里所讨论的法的价值与原则等融贯意味着法与道德的一致关系，其中包含了将“国家法应当反映自然法的要求，承载公平、正义等良善价值”作为法治的一般性原则和法治社会建设的

① 姜明安：《论法治国家、法治政府、法治社会建设的相互关系》，载《法学杂志》2013 年第 6 期。

② 苏力：《道路通向城市——转型中国的法治》，法律出版社 2004 年版，第 26 页。

前提性立场。

在法治融贯性得到认可的基本前提下，我国的法治社会建设应关注两个基本问题：一是法治社会建设规则之间的融贯主要表现为一种自上而下的融贯。由于中国的法治发展是一种由政府主导的建构型进路。尤其在我国已构建起完备的社会主义法律体系后，虽然在具体规范上仍有缺失或者失灵，但中国特色社会主义法治的基本价值、基本原则以及各个法律部门的核心价值理念已经确定，并已经成为社会的基本共识，而且无论是在正式制度之间，还是在国家的法律规范与社会的自治规范和习惯惯例之间等并没有本质上的冲突。因此，在建设法治社会的进程中，作为正式规则的国家法律规范等具有原点法则的性质，同时，应着力将国家法律规范的基本价值和基本原则等融入社会自治规范中，逐步使自治规范获得与国家法律规范一致的内在品质，从而共同构成具有整体性和融贯性的规则体系。二是法治社会建设法治融贯性的核心要义是规则与行为实践的融贯。制度文本与行为实践存在巨大的鸿沟已然成为中国法治面临的最大问题，有学者指出，“法为民众所认同、信赖与实践”应作为法治建设的核心任务。法治成为一种信仰，被官员和公民所信仰和遵从，才是法治的要义，这是当代中国最需努力也最难达到的要素。

（二）社会的共治性

改革开放后，全能国家不断受到质疑和挑战，国家与社会一元化的格局也逐渐解体，随着市场经济的飞速发展，社会与国家加速分离，社会日益独立于国家。不过在“强国家，弱社会”或“强社会，弱国家”的争论中，似乎国家与社会只能是对立的关系，而且，似乎只有完全自治才是社会运行的应然状态。但这种观点并不能完全成立。

第一，国家与社会的相对分离或独立并不等同于二者相对立，二者可以融洽共存。也就是说，“强社会”并不一定意味着“弱国家”。扩大社会的权利、提升社会的自治空间，这似乎是国家对社会的单一方向的赋权，但这种赋权会反过来提升公民参与国家治理的能力，从而促进国家的发展，最终形成国家与社会的“相互增权”。已有学者通过实证研究的方法分析出中国国家与社会关系呈现为“行政吸纳社会”的结构性特征。在此结构中，国家与社会实际上是相互融合的，并且此结构在实践运作中是有效的。

第二，法治社会不是自治社会，而应是共治社会。“没有嵌入社会的‘强’国家事实上是脆弱的，不能经受社会变迁的考验。”这表明，社会与国家的关联紧密与否决定了国家公权力运行的有效性。国家与社会关联紧密，“寓国家于社会”，长期共存才有可能。此外，在国家与社会的共治过程中，法治的作用会被进一步激活，规则的权威会重新得以强化，法治共识能重新达成。这样，法治国家与法治社会的融洽关系得以持续。综上，法治社会的基本结构不应是社会的自治，而是国家治理与社会自治既相对独立，又良性互动，从而形成的“国家在社会中”的稳定结构。国外学者也从实践经验中总结出了类似结论：在经济转型国家中，最成功的往往是社会嵌入最紧密的国家。[①] 而在西方发达国家，国家与社会、公与私之间的界限已经不再明确清晰，社会参与加强了国家力量，而国家又通过制度将国家嵌入社会，促进公众参与国家和社会事务，从而实现国家与社会的共治。

在当下中国，实现国家与社会的共治十分必要，同时“寓国家于社会中”尤为重要。在传统“强国家”的影响下，没有国家的有限作为，社会没有能力自发实现公平正义规则的秩序建构，有可能反而使得潜规则大行其道，从而将社会与国家拖入混乱无序的泥沼。“导致社会基本结构与行为规范体系处于分裂状态，并造就普遍的虚伪人格”，[②] 社会运行就会走向法治的反面。

值得特别指出的是，在共治结构的法治社会中，国家只能有限参与，而社会自治处于优位，基于此，国家公权力应处于备位。首先，在法治社会中，国家对社会的干预是必要的，但又是有限的。国家公权力的备位性主要体现在：（1）国家公权力向法治社会提供法治基本公共产品：正式规则制度体系、公权力机构以及运行机制、有关法治的知识或一般认知（法治精神、法治理念、法治文化等）；（2）正式规则和公权力发挥作用并非依赖于国家强制力，而是通过对社会关系的调整和方向指引获得社会主体的信任与认可，社会主体据此自觉运用法治精神、理念和原则建构社会自治的规范和处理自治

---

① See Peter B. Evans, *Embedded Autonomy: States and Industrial Transformation*, New Jersey: Princeton University Press, 1995, p. 3.

② 高兆明：《制度伦理与制度“善”》，载《中国社会科学》2007 年第 6 期。

事务。据此，国家公权力更像领路人，引领社会主体通过自治规范进行自我治理。

二、法治社会建设的基本方略

法治社会建设绝非单一的，其不但需要法治国家建设和法治政府建设的不断推进，[①]而且需要法治建设的重心下移。应当说，后者更是法治社会的关键所在。本书认为，法治社会建设的基本方略是通过法治社会化来实现社会法治化的育化，具体而言，包括增强法制社会化以及迈向司法社会化。

（一）增强法制社会化，提升法制的良善性与科学性

第一，法治社会应注重通过提升法的回应性和收缩性来实现良善法制。法治社会的基本前提就是要有良善的规范规则体系，也就是要求良法为治。这里指的法的良善性，主要是针对国家法提出的要求。在法治社会建设领域，国家法应该增强其回应性和收缩性。

从形式来看，法律是国家制定或认可的。但从实质来看，国家制定的法律也应代表且回应社会的需要，这可称之为法的回应性。当前，在社会领域，迫切需要法作出回应的问题有很多，主要有两类：一是转型社会各类利益的分配以及利益矛盾的调处问题。应该说，这类问题一直都存在，但在转型社会表现尤为突出的，已经影响到社会的稳定；二是风险社会各类突发事件的规制和应对问题。同样，突发事件产生于现代社会，但在风险社会表现得更为严峻。因此，法的回应性应注重社会本位的基本立场。与此同时，前面已经提到，在法治社会中，国家法应具有一定的备位性，因此，在社会领域，国家法应具有适度收缩性，让社会能够通过自治发展适用于法治社会的自治规则与规范，这样才能更为充分地发挥社会主体的主动性，这对于建构法治社会有着重要作用。

① 对此的详细讨论，参见江必新：《关于社会主义法治国家建设若干问题的理论思考》，载《理论视野》2012 年第 6 期；江必新：《试论社会主义法治的几个新命题》，载《中国法学》2010 年第 4 期；江必新：《论中国特色社会主义法治发展的基本路径》，载《三峡论坛（理论版）》2009 年第 1 期；江必新：《以法治建设推动中国特色社会主义制度之完善》，载《中国党政干部论坛》2012 年第 1 期。

第二，法治社会应注重妥善使用法治评估来提升法制的科学性。法治社会之法在具备回应性的同时，也必须具备科学性，从而更好地发挥实效。一部不具有科学性的法不但无法有效调整社会关系，还可能拖延问题的解决，给社会造成隐患。近些年来，世界范围内兴起的法治评估运动对于提升法制的科学性有着积极的作用，中国应积极参与这一场轰轰烈烈的法治评估运动，抓住契机改善国家法治状况，加快法治建设步伐。但从目前来看，这些评估仍有明显缺陷，如联合国开发计划署、经合组织和世界银行等国际组织及其他西方评估机构往往只建立一套具有所谓“普适性”的通用标准作为评估尺度，而往往忽视不同国家的历史文化、经济发展水平以及政治制度，这套通用标准的客观性和有效性也就会存在严重问题。毕竟，法治的差异性是衡量一国法治状况时不得不考虑的问题之一。目前，国内某些地区所探索的法治评估在指标设计上也存在类似问题。[1] 其实，对于后发国家而言，建构型法治更需要一个客观且可量化的评估标准来衡量其所处的法治发展水平，从而有效确定法治建设的短期和局部基本目标，进而有力推进法治。当前，中国也迫切需要充分挖掘和妥善设计一套既吸纳前人智慧又全面反映中国法治社会实际的辨识度高的指标，创新法治评估模式，有效提升法制（法治）的科学性。

（二）迈向司法社会化，加强司法的通俗化和透明度

当前，中国的司法改革已进入关键时期。司法背负的“不可承受之重”已早为各界共知。法律纠纷的表象下往往隐藏着深层次的政治、经济或社会矛盾，司法审判常在各股力量间“风雨飘摇”，目前的司法改革任务仍任重道远。司法是国家向民众提供公平纠纷解决机制这一公共产品的重要机制，因此，司法不但应保障高品质，而且其必须能被作为消费者的民众所理解和认同。[2]

健全公正执法司法体制机制是法治国家建设的重要内容，而在法治社会建设过程中，应力求防止司法专业化导致的司法与社会的疏离，而应更着力

---

① 参见余杭评估体系课题组：《法治量化评估的创新实践——余杭法治报告》，载《中国法治发展报告 No.6》，社会科学文献出版社 2008 年版，第 366 页。

② 凌斌的“法民关系”理论对此问题作出另一种叙述。参见凌斌：《当代中国法治实践中的“法民关系”》，载《中国社会科学》2013 年第 1 期。

建构能被公民理解和认知，从而具有权威性的司法，否则，法治将只是知法者的工具，而无法在法治社会中发挥教育、引领和指导的作用。司法的社会化要求司法在保持专业化且确保公平正义的同时，有意识地承担教育功能，弥合社会与专业、民众与法律人之间的认知和理解鸿沟。具体而言，就是一个案件的审理与判决不但要提升当事人对裁判的可接受性，还要力争赢得普通民众的理解、尊重与认同。

其实，司法的使命不仅包含了维护法律的权威，还囊括了弥合法律与社会现实之间的鸿沟，这无疑也是司法的永恒主题。个案审裁一方面通过技术性司法，秉持守法主义，保障司法的客观性；另一方面则通过自由裁量，秉承裁量正义，增进司法的可接受性。[①] 基于此，司法的一项重要职能就是通过个案的公正，将法治的精神、理念和价值等深深植入人心，从而让民众在今后的社会实践中，能够将这种法治精神、理念和价值等融入行为之中。

除此以外，司法还有一项使命，就是要通过教育避免专业因素引发的人民对法的排斥。“法治问题根本上还是法律文化的问题，法律制度的移植不难，制度下面的价值观要和被移植社会的价值观契合，则需要施以相当大量的教育。”[②] 实践表明，直接说教和强制灌输无法真正达到教育的目的。真正的教育在于身教，在于通过育化实现观念养成。司法本身就是育化法治的过程。包括法官、检察官和律师在内的法律职业群体的职业活动（法庭内外）就是育化法治的重要途径，法庭审理的公开、裁判文书的通俗化与公开、人民陪审员制度设计等，这些无疑都是教育或育化的最佳手段。基于此，司法与其将大量的资源耗费在信访处置上，不如在庭审的事前和事中加大沟通和教育力度。在司法改革大力推进司法公开的实践中，司法机关在努力通过各种形式和渠道对公众普遍关注且社会影响重大案件的审理等进行公开，[③] 这种加强司法透明的方式，无疑会为判决结果的社会接受性奠定良好基础，同时也调和了民众价值判断与法律理性之间的差异，无形中也起到了教育民众的作用。

---

① 参见王国龙：《守法主义与裁量正义》，载《法律科学（西北政法大学学报）》2013 年第 3 期。

② 苏永钦：《飘移在两种司法理念间的司法改革——台湾司法改革的社经背景与法制基础》，载《环球法律评论》2002 年第 1 期。

③ 曾通过实时公开报道或微博直播庭审的案件，包括丁书苗案、龚爱爱案、南京“饿死女童案”、北京大兴摔童案、李某某等涉嫌强奸案等。

三、法治社会建设面临的基本矛盾及其破解

（一）法治社会建设面临的基本矛盾

在一体建设的大背景下，法治社会建设仍然有着独立的诉求和丰富的内容，法治社会的推进同时也是法治国家、法治政府深入有效推进的重要基石。因为社会领域的治理问题是当前我国法治建设的薄弱环节，已经成为全面建设法治中国的显著短板。要推进法治中国建设，必须补齐短板，解决法治社会建设中的基本矛盾。

当前，我国法治社会建设主要面临七个方面的主要矛盾：第一，公民权利意识觉醒与维权理性不足之间的矛盾。具体表现：民众渴望通过法律来保护自己的利益，却不满或不甘于受法律程序的种种限制；民众痛恨他人违法侵害其权益或社会公共利益，却坦然接受自己违法或钻法律漏洞来牟取利益；民众希冀以法律为武器捍卫自身权益，却往往容易忽视法律，采用极端方式进行维权。公民权利意识的觉醒与维权理性不足往往导致维权与违法交织难辨。第二，公民对公权力机关的诉求日益增长与对公权力机关的服从、配合、支持日益淡化之间的矛盾，这种矛盾往往严重制约公权力机关行为的效果。第三，公民对依法治国方略和法律至上原则的抽象认同与人情、关系、私利、政绩大于“国法”的行动之间的矛盾，这就导致了言行不一，容易在具体事务处理上产生私利或人情大于国家或公共利益的违法情形。第四，公权力机关的退位、归位与市场机制和社会组织发育仍不成熟之间的矛盾。法治政府的本意就是规范和限制国家公权力，也可以说，国家治理现代化的过程是公权力机关退位和归位的过程，还权于市场，还权于社会。但面临的现实情况是，社会主义市场机制仍不健全，社会组织仍不规范，市场和社会组织尚不足以承担提供合格的公共产品或公共服务的角色，公权力的退位或归位可能导致公共产品或服务的真空，这必然使得公权力进退维谷。第五，严格执法和公正司法的基本要求与法律整体质量仍不理想之间的矛盾。实施是法律的生命，严格执法、公正司法是法治国家的基本要求。无论是严格执法，还是公正司法，其前提都是“有法可依”，该法应是良善而科学的法，但从目前立

法的质量看，尤其是一些低层级的法律规范质量不高、类型化不够、科学性不足的问题较为突出，同时，不少立法难以实施，或易出现实施冲突，或实施背反等多重难题。第六，严厉制裁违法行为的要求和期待与违法成本极低、守法成本较高之间的矛盾。普遍守法是法治社会的当然特征，严厉制裁违法行为是保障法治权威和发挥法治威慑力的必然要求。然而在实践中，由于责任门槛设置过低，或由于查处力度不够，使得某些违法行为的违法成本极低，而守法成本相对畸高，这在客观上就会导致守法者吃亏，违法者获利，导致公民“逆向选择”、劣胜优汰，从而引发普遍违法。第七，中国当下社会问题的复杂性和独特性与应对方式的简单化、低效化之间的矛盾。社会事务日新月异，纷繁复杂，情况和形势与以往任何时候相比都发生了极大的变化，社会改革进入攻坚期，社会发展进入黄金期，社会矛盾进入旋涡期，治理难度在加大，复杂性在加深，利益冲突在加剧。然而，社会管理模式仍然滞后，不少应对方式过于简单、低效，难以适应形势的发展变化。①

（二）法治社会基本矛盾的应对与破解②

要应对和破解上述矛盾，需要从如下七个方面系统治理，多管齐下：

第一，加强价值建设，使法治精神深入人心。法治社会的根本问题在于将法治理念、法治信仰内化于人心，成为社会成员决策和行动的基本指引。当前，人民群众已经有一定的法治意识，但牢固的法治理念尚未确立。实现人心大治，不仅要通过立法、执法、司法着力强化规则意识、诚信意识、权利义务统一意识、责任意识，还要通过多途径、全方位的理念引领价值观建设，使法治精神浸润人心。

第二，强化基层调整，使治理畅达“末梢神经”。体制问题具有决定性作用。我国传统上从中央到基层的纵向层级化管理体制倚重“生产经营单位”和“基层组织”。但从目前的情况来看，存在“最后一公里”失灵的问题。建议以确立社区的法律地位为主要方式，重塑我国社会的基层组织形态，确保

① 参见江必新：《我国法治建设面临七大矛盾》，载《人民政协报》2014年12月24日，此部分是在第九届中国法学家论坛上的发言。

② 参见江必新：《我国法治建设面临七大矛盾》，载《人民政协报》2014年12月24日，此部分是在第九届中国法学家论坛上的发言。

国家与其成员之间的“传感”途径畅通。

第三，致力于制度改进，使规范体系管用。高度重视法律规范质量的提高，尤其是要重视法律规范的针对性、系统性以及可实施性的问题。积极完善社会领域的法律体系，推动构建和完善社会自治规则，合理配置实施资源，努力创造实施条件，保证国家法律和社会规则相互配合协调发挥作用。

第四，治理重点难点，着力打击典型违法行为。对于当前社会领域的突出违法问题要重点打击，营造社会有序运行的良好格局。包括市场主体欺诈行为、舆论参与主体造谣诬陷诽谤行为、公权力主体侵犯基本人权的行为、越轨主体的重复违法犯罪行为、争议主体的虚假诉讼和无理缠讼闹访行为等。

第五，加强秩序建构，有效控制不当社会行为。在简政放权的同时，要强化对市场活动的监管和市场秩序的维护。在培育社会组织的同时，要加强对社会组织外部行为的规范和内部治理的引导。要切实解决专业中介组织为谋求自身利益最大化而扭曲市场规则的问题，要全面提升社会组织参与社会治理的诚信和公信。要通过秩序的建设和维护持续规范市场行为和社会行为。

第六，不断完善机制，保障治理运行系统化。要矫正公民个体的行动逻辑，探索公民守法习惯的养成机制；要规范市场主体经济行为，完善市场主体的“行为自治的规制”；要规范社会组织的非经济行为，构筑以他律保证自律的机制；要明确治理职能，探索合作互补机制；应对社会冲突，探索多元化纠纷解决机制；防范系统性风险，避免“转型陷阱”；恢复主体间良性信用机制，治理社会失信困局；完善大众信息传播机制，回应网络时代新课题。

第七，优化治理手段，促进治理技术科学化。要理性处理好治理与管理、现代与传统的关系；努力提升治理的技术参数和智能含量；争取治理的道德高地和话语权；高度重视治理背景下出现的新问题的解决；切实加强信息化建设和大数据的运用；建立科学的治理评估体系；等等。

第三节 作为法治社会建设核心的社会治理

社会治理是法治社会建设的核心内容。一直以来，政府是维系社会秩序的核心力量，进入现代社会后，公共事务大量增多，社会风险普遍呈现，政府也越来越难以应对，政府失灵逐步呈现。在中国，政府一直是社会管理的中坚力量，其开展了大量工作，有效维护了社会秩序与稳定。而随着改革的持续深入，以及转型期社会矛盾的激增，社会管理工作面临着严峻考验。党和政府一直积极加强和创新社会管理，并取得了一系列的成绩，但管理思维的内在局限已经无法适应社会发展等基本需求，社会矛盾难以在既有体制框架内有效解决，这就迫切需要对国家控制和治理社会的模式进行转型升级，从创新社会管理到创新社会治理的转变就是在此背景下提出的。

社会治理是国家治理的重要内容，法治国家、法治政府、法治社会是法治中国建设的“一体双翼”。加强和创新社会治理，应坚持法治理念、法治思维、法治方式全程运用，法治宣传、法治教育、法治实践联动集成，法治环境、法治氛围、法治文化协同建设，源头治理、系统治理、综合治理多管齐下。要敢于用法治思维完善社会治理体系，惯于用法治精神优化社会治理结构，勤于用法治平台创新社会治理方式，善于用法治手段提高社会治理能力，大力推进社会依法治理，建设现代化法治社会。①

一、社会治理的内涵特性与价值目标

（一）社会治理的内涵

党的十八届三中全会提出了国家治理现代化的基本理念，同时将社会治理作为国家治理现代化的重要内容，党的二十届三中全会要求“健全社会治

① 参见江必新：《推进社会依法治理，建设现代法治社会》，载《社会治理》2015 年 5 月 15 日。

理体系”。创新社会治理成为当下中国全面深化改革的重要内容，也是推进法治中国建设的重要组成部分。应当说，社会治理包含着丰富的内涵，至少体现在以下三个方面。

1. 主体多元性与关系多向度性

社会控制的方式多种多样，其中中国适用的主要是统治型社会控制和管理型社会控制，无论是哪一种控制方式，其主体都存在二元对立关系，如统治者与被统治者，或管理者与被管理者的关系，与此同时，在这二元主体中，有一方具有绝对权力优势并能据此统治或管理另一方，处于主体地位；而另一方因其权力和资源上的劣势往往处于被支配的地位，常处于客体地位。而治理则不然，社会治理中必然存在多元利益主体的参与以及相互发生作用，这是其不同于统治和管理的典型体现。在治理模式下，社会组织内部的多元利益主体基于其知识、信息、资源、能力等的不同而分别掌握了一定的权力（影响力），各种权力在社会系统运行过程中会相互发生作用。而其中任何一种力量都难以压制其他主体或被其他主体轻易压制，多元主体的存在和多方力量的释放使社会组织得以持续健康运行。综上，治理改变了“主体—客体”的二元对立关系与单向度模式，以互相影响、互相作用的参与者逻辑取而代之。同时，由于多元参与者之间的各类相互作用，使系统内部呈现出多向度的复杂网络关系。①

2. 内容广泛性与对象深层次性

较之统治和管理，社会治理在内容和对象上也有两个显著特征：第一，社会治理的内容更加广泛。统治和管理主要是政府管理社会事务的方方面面，而治理则不然，除了政府与社会的关系外，还包含了社会组织与社会组织之间、社会组织内部成员之间等的关系。第二，社会治理的调整对象更加深入。统治和管理关注的是政府社会职能的实现以及被管理对象行为的规范，而社会治理则不然，除了关注外化的行为外，其还会注重通过多元主体决策层面，以超前影响主体行为：对于个人而言，注重改善人们的思维，培育人的规则意识和法治思维；对组织而言，关注组织内部行政，注重决策前的运作机理

① 江必新、王红霞：《社会治理的法治依赖及法治的回应》，载《法制与社会发展》2014 年第 7 期。

与程序，以求契合社会治理整体目标。

3. 系统高共识性与成员强认同感

无论是统治还是管理，基本采用垂直型的模式，决策权统一，执行围绕决策而为，注重顶层设计和权力运作，在此类模式中，统治者、管理者的意志是至上的，其决策或决定的路径和方案必将被奉为圭臬。但是此类模式仍存在正当性不足、民主性不够以及难以应对客观情况变化而产生的有效性有限等多重困境。社会治理无疑是对传统统治或管理模式的超越。在多元主体参与和相互作用共同发展的治理格局中，无论是发展目标，还是行为规则与方案，都是通过主体间的对话协商或者各方力量的博弈后达成。这样，无论是目标、规则，还是行动方案，多元主体都对其具有更高的共识性，成员将具有更强的认同感，这样，社会系统的运行将更为有效有序。

（二）社会治理的价值目标

首先，社会治理的基本价值取向是以人为本。

人民是社会的源泉，民生是社会稳定与和谐的根本。社会治理首先要满足人民的物质和精神上的基本需求。转型期社会领域矛盾多发，主要是基于民生的保障和改善跟不上人民的需求，只有当社会的发展成果更多更公平地惠及全体人民，人民才有参与社会治理的积极性，社会的活力才能得以展现。在社会治理的过程中，首先必须清晰准确地认识到社会治理的基本价值取向就是以人为本，只有真正解决民生问题，人民安居乐业，社会才可能稳定有序。因此，教育、就业创业、收入分配、社会保障、医药卫生等与人民群众密切相关的民生问题，是社会治理首先要解决的问题，这也是化解社会纠纷和矛盾的根本。

当然，在解决民生问题的过程中，必须一改统治模式时代的“牧民”、治民[①]和管理时代的管民、监民思维，要将政民互动、公私协作以及回应人民诉求作为治理的基本方式。社会治理目标只有符合国民的意愿和要求才具有统

---

① 如春秋时期鲁国大夫里革谏言鲁成公时言：“且夫君也者，将牧民而正其邪者也，若君纵私回而弃民事，民旁有慝无由省之，益邪多矣。”参见《里革论君之过》，载《〈国语〉译注》，上海古籍出版社，第140页。

合行动的功能，这也是治理的内在要求。[①]基于“以人为本”的价值取向，党的十八届三中全会鲜明指出社会治理的基本要求，“创新社会治理，必须着眼于维护最广大人民根本利益，最大限度增加和谐因素，增强社会发展活力，提高社会治理水平，全面推进平安中国建设，维护国家安全，确保人民安居乐业、社会安定有序”。[②]党的二十届三中全会要求“完善共建共治共享的社会治理制度”。

其次，社会治理的核心目标是治理有效。

之所以要通过治理打破自上而下的单向权力运作，注重各种权力的协调互动，其目的就是有效应对政府在社会领域的失灵。整体上说，治理的正当性就建立在治理的有效性上。这一点，学者们已经进行了详尽的分析和论述。美国学者詹姆斯·罗斯诺将治理界定为一系列活动领域里的管理机制，它们虽未得到正式授权，却能有效发挥作用。[③]英国学者马克·贝维尔进一步指出，网络化治理主要不是针对其决策的民主潜力来设计的，而是更注重其功能和实用性：从一开始，网络化治理机制的设立就是为了使公共政策的执行和公共服务的提供拥有更充分的资源和技术条件，包括广泛参与、专业知识、资金等，使得公共政策和服务更易被受众接受，以增加其可行性。[④]新公共行政论者在接受治理理论的时候也坦言是因为治理是有效的而不是因为它是价值正确的。[⑤]诚然，这种实用主义的评价未免偏颇，但这至少反映出有效性是治理理论的优越性和竞争力所在。正是以效果为导向，使治理摆脱了政府单一主体、单一权威的思维束缚，各类社会组织和公民，只要有助于治理效果的达成，都应当纳入社会治理中来；正是以效果为导向，使治理跳脱出了单向支配、命令服从的控制方式，它要求在治理技术和治理方法上不拘一格，甚至于某种意义上探索有效的治理方式和治理手段本身，而不是论证治理的正

① 参见王红霞：《法治社会与法治国家同步建设》，载《检察日报》2014 年 8 月 19 日。

② 参见《中共中央关于全面深化改革若干重大问题的决定》，载《人民日报》2013 年 11 月 16 日第 1 版。

③ See J. N. Rosenau，E. O. Czenpeil，*Governance without Government：Order and Change in World Politics*，Cambridge University Press，1992，pp.1–29.

④ See Mark Bevir，*The Sage Handbook of Governance*，SAGE Publications Ltd，2011.

⑤ See J. Alford，O. Hughes，*Public Value Pragmatism as the Next Phase of Public Management*，The American Review of Public Administration，2008（2），pp.130–148.

当性和合法性，是治理的核心任务，[①]即对于治理，“重要的是公共权力的运用形式、方法或手段，而不是统治或管理的内在依据、原则或规律”[②]。

值得一提的是，治理有效绝非短时性的，而更重视长期效应和关联效应。有效的治理应当是在厘清社会事务背后的社会关系和矛盾的基础上，挖掘问题的根本症结，寻找最适合解决问题的方法，按最小侵害原则化解矛盾，更进一步地说，还可以根据情况建构解决此类矛盾的长效机制。总之，治理的有效应是一种全面的、系统的和长期的有效。

二、社会治理对法治的功能依赖及其回应

治理的多元化、弱中心化引发了治理与法治关系的某些质疑。有学者就提出，法律松绑在去中心化建立政策网络过程中尤为重要，由此强调治理网络中最好去除法律管制。[③]这似乎与治理重视社会自治如出一辙。不过，卢曼也提出：“一切人类的集体生活都是由法律直接或间接地塑造的。法律就像知识一样，是社会情形中一个必要的和无所不在的事实。没有任何一个生活领域——不论是家庭或者宗教共同体，不论是科学研究或者政党的内在关系网——能够找到不立基于法律的稳定的社会秩序。”[④]由此可以推出，社会治理同样建立在法治的基础上。正如俞可平教授所言，法治是治理的基本要求，没有健全的法制就没有善治。[⑤]事实上，治理模式下的国家运作与法治的关系非同一般，而表现出了对于法治更强的依赖性。要实现社会治理的有效必须依赖法治建设，使法治的价值与功能充分释放。

（一）通过法治保证治理系统内在协调

法治具有系统性，其可以在价值指引下，确立起法治的基本原则，然后

① 从研究治理的成果中可以清楚地看到，包括“有效的治理”“健全的治理”“合作治理”“网络治理”“元治理”等，各类治理理论的焦点始终围绕克服治理的失效、如何使治理更加有效的问题。

② 徐勇：《GOVERNANCE：治理的阐释》，载《政治学研究》1997年第1期。

③ See Pierre，J. & B. G. Peters.，*Governance，Politics and the State*，London：Palgrave Macmillan，2000.

④ Niklas Luhmann，*A Sociological Theory of Law*，Beijing：China Social Sciences Publishing House，1999.

⑤ 参见俞可平：《中国治理评估框架》，载《经济社会体制比较》2008年第6期。

经由原则确立规则，建立具体制度，最后再通过法律的解释与适用来规范和调整社会关系，从而影响和规范社会生活。与此同时，法治通过一套严格规整的法律位阶制度来解决各层级法律规范的冲突，通过法律价值和法律原则的引领实现各层级法律规范的协调和统一。而在上升为法律以前，制度同样是整合社会生活的重要工具，但“政出多门”且缺乏统一的价值和原则指引，因此，不同领域不同层次的制度常常出现冲突、重叠，也可能出现漏洞。由此可见，法治较之一般的制度有着明显的优越性。在社会治理领域，自治规范是由社会主体自行确定，其与国家法律规范一起，成为社会治理的重要规则。但是国家法律规范与社会自治规范应该是怎样的关系呢？此消彼长？抑或遥相呼应？笔者认为，国家法律规范应当为社会自治明确底线规则，也就是将国家法治的基本价值、理念、原则和核心制度要求等予以明确，并使之成为社会自治的基础和底线。与此同时，国家法治也应积极回应社会自治的需求，在进行底线控制后，给予社会自治足够的空间，然而，社会自治规则在底线之上自由生长，同时及时将自治规则中的有利因素吸纳进国家法律规范中。这样，法治就确保了国家对社会的底线控制，也确保了社会自治的充分发展空间。

在社会治理中，参与社会治理的主体是多元的，其相互之间的互动和作用更为复杂。在中国，无论是执政党和各参政党派、中央和地方各级人民政府、公检法等机关、各类经济组织、社会组织乃至“临时性组织”①，还是全体国民，都可以是社会治理的主体。他们为了自身的利益或职务目标需要对外开展活动，并形成一定的社会关系，与此同时，各机关、社会组织等还会有内部的微观治理活动，这对于调整这些活动的法律规范或自治规范提出了更高的要求。从理论上讲，社会治理要求政府、市场、社会、民众等多元主体之间保持良好的关系，同时能有效表达各自的利益诉求，能共同围绕社会治理目标进行博弈。由此，可以看出，规范社会治理的法律规范，应兼容价

① 临时性组织是指缺乏正式结构、陌生成员间短期协作、完成特定任务后解散的组织形态。See Janowicz- Panjaitan M, Bakker R M, Kenis P., *Research on Temporary Organizations: The state of the Art and Distinct Approach toward “Temporariness”*., Temporary Organizations: Prevalence, Logic and Effectiveness. Lypiatts: MPG Books Group, 2009, pp.58-59.

值性、具体性、明确性、规范性等多元特征，提供底线规则，同时向多元的需求或目标开放，为社会自治明确底线、提供方向，并给予社会自治充足的空间。

（二）通过法治稳定主体间互动预期

社会治理中存在多中心、多向度、非线性、层次交叠的复杂网络关系，利益关系也纷繁复杂，这给社会秩序与主体行动带来了挑战，其突出表现就在于社会主体行动的可预期性受到了冲击：多元主体的治理活动使得社会治理的互动频繁，且社会关系更为复杂，这使得社会主体难以预测其他主体的行为和选择，也难以预测自身行动的结果或后果。而这种预测在社会主体行为前是极为必要的。无疑，“难以预测”或“无法预测”将使得社会主体的积极性受挫，行为的活跃度就会有所折扣，治理效果也就会因此而受到影响。法治则不然，法是形式化、客观化和规则化的公共理性，其重要的特性就是可预测性，也就是法可以通过制度框架、行为规则增强社会行为的规范性，从而降低社会治理的复杂性，使得社会主体能够对外部环境和自身行为及其可能导致的结果产生预判，基于此再决定社会主体自身的行为。除此以外，法治能明确主体地位、交往规则与法律责任，这样就弱化了不确定性和风险，为社会主体间互动所需的长期信任和“即时信任”[①]的形成提供了基础。德国法学家卢曼甚至主张：预期的稳定化是法律的唯一功能。[②]因此，法治对于社会治理有着稳定预期、强化信任、便利交往和提升互动的重要作用。

在中国，法治对于社会治理有着另一种特殊的重要意义。“运动式治理”[③]是中国常采用的社会治理方式。该方式的突出特点是（暂时）打断、叫停行政体制中各就其位、按部就班的常规运作过程，意在替代、突破或整治原有体制及其常规机制，以自上而下、政治动员的方法来调动资源、集中各方力

① Peter Tatham，Gyöngyi Kovács，*The application of “swift trust” to humanitarian logistics*，International Journal of Production Economics，2010，pp.35–45.

② See Niklas Luhmann，*Law as a Social System*，Oxford University Press，2004，p.1152. 转引自罗文波：《预期的稳定化——卢曼的法律功能思想探析》，载《环球法律评论》2007 年第 4 期。

③ 冯志峰：《中国政治发展：从运动中的民主到民主中的运动——一项对建国以来 110 次中国运动式治理的研究报告》，载《甘肃理论学刊》2010 年第 1 期。

量和注意力来完成某一目标任务。[①] 运动式治理能发挥出常规治理机制难以比拟的效果，治理后短期内“风清气正”，社会秩序良好。但它打断了既有的社会常规运行机制和节奏，将整个社会和体制拉入一种高度关联、急速运转的非常状态，破坏了社会参与主体的行为预期，从长远看，社会治理效果是不佳的，对于社会秩序是有损害的。因此，在中国的社会治理中，倡导法治，首先就应将运动式治理尽量压缩，甚至取消。切实保护社会主体的行为预期，使社会秩序稳定有序。

（三）通过针对性立法回应任务移转

社会治理多元主体的参与需要通过立法来明确主体关系、行为框架和互动规则，从而建构起多元主体分工合作的制度框架，实现合作共治的协调性、匹配性和成本低廉性。

首先，社会治理的针对性立法要解决公权力的重新分配问题，即要科学配置政府与社会、社会组织，自治团体以及个人有关公共事务方面的权力，明确多元治理主体的法律地位和活动范围。只有提供行动者间的“界面规则”，[②] 才能真正激发和调动各主体的积极能动性。

其次，社会治理主体之间权力的重新分配就意味着责任的分摊，应当说，社会主体获得了更多的权力和自主性，自然也就意味着要分担更多的责任。治理在寻求公共事务解决方案的过程中，由于参与者众多和各类资源的汇聚容易稀释参与者的责任，形成“责任分享的困境”。[③] 原先由政府独自承担的职责部分乃至全部转移给各种私人部门和公民自愿性团体。如何厘清政府与社会之间、公共部门与私部门之间的界限和职责变得困难。加之治理通常被用于政府难以应对的领域（如环境保护），此类领域往往需要更具专业知识的人士，因此其责任也难以为常规机构所识别和鉴定。[④] 对于责任的问题，立法应予以高度重视，并给予积极回应，同时科学设计更健全的责任制度和问责

---

① 参见周雪光：《运动型治理机制——中国国家治理的制度逻辑再思考》，载《开放时代》2012年第9期。

② 罗珉、何长见：《组织间关系、界面规则与治理机制》，载《中国工业经济》2006年第5期。

③ M. Bovens，*The Quest for Responsibility*，Cambridge University Press，2013，pp.45-52.

④ 参见陈剩勇、于兰兰：《网络化治理：一种新的公共治理模式》，载《政治学研究》2012年第2期。

机制，使得分配到更多权力的主体能够被有效监督，从而克服责任不清导致的负向激励。

最后，社会治理是一项集体行动，治理行动规则的确定尤为重要。社会治理多元主体之间存在相互依赖性，互动成为必然。所谓互动就是行动者之间基于目的的达成而交换资源、谈判共同的目标。[①]互动和交换的结果不仅取决于各主体获得的权力和资源，还取决于治理行动规则以及互动和交换所依赖的环境，前者已经予以明确，后者则是针对性立法中的重要内容。在社会治理中，刚性的法律规范约束是治理规则的重要体现，但亦不可忽略柔性规则的重要作用。例如，治理高度要求发展忠诚和信任的纽带。这使信任和可信不仅具有道德意蕴，而且还彰显工具价值，甚至成为构筑治理的基石性条件。如何通过制度安排将信任与忠诚纳入其中，这是柔性规则的内容，也是亟待建立的重要规则。

（四）通过强能行政取代机械执法

多元治理主体合作共治的治理格局必然意味着政府对社会控制力的下降，简单的"去中心化"和"大社会小政府"难以明晰政府的职责。社会治理同样会面对各种社会主体自身无法解决的矛盾，同时，政府对社会控制力的下降并不意味着政府无所作为，应当说，从管理向治理的迈进其本质仍是政府职能的转变，也就是说，在社会治理中，政府仍然有所作为，只是从对具体事务的管理和控制转移到回应治理的需求，解决其他主体无法解决的矛盾上来。政府首要的工作就是从行为控制转向关系协调：识别和确定适宜自治、共治的界域，确保政府具有治理优势且失灵较小的领域；组织其他社会主体的有序参与；协调各治理主体间的关系与互动。虽然从形式上看，政府公权不再享有最高权力，官方机构最多也不过是治理参与者"同辈中的长者"[②]，但是，治理时代政府与社会的关系，已然跳出了"大政府小社会"或"小政府

① 参见［英］格里·斯托克：《作为理论的治理：五个论点》，载《国际社会科学杂志（中文版）》1999 年第 2 期。

② Bob Jessop，*The Future of the Capitalist State*，Cambridge：Polity Press，2002，pp.242-243.

大社会”的此消彼长，迈向了活跃的社会和强能政府[①]的时代。强能政府并不会取消其他协调或治理机制，但政府仍是“同辈中的长者”，占据治理的核心，其不但要在立法和治理规则的制定方面担负职责，而且要提供治理所需资源和协调网际关系，促进不同领域的自治和组织间乃至网际互动，与此同时，政府还要对网际互动进行监控，[②]以确保公平有效运行。

转型期的中国面临着大量的社会矛盾。过去的社会管理往往以压制型管理和科层式行政为主要方式。“压制型管理”应对以行政法“管理论”作为理论基础，以追求社会的“刚性稳定”为目标，以行政单方“强制措施”为手段，在实践中引发一系列连锁效应或埋下诸多危机。[③]“科层式行政”将行政简化为执法，将合乎程序等同于法治，将“合法性”绝对视为“正当性”，由此形成的“程序正当暴力”，[④]引发了情与法的冲突与矛盾[⑤]。治理视域下的行政法治不能仅停留在程序的形式合法上，而应积极回应社会的诉求，在具体执法过程中要高度重视理由的充分说明[⑥]和手段的“情法兼济”；同时，在行政执法之外，政府应更积极探索有效预防和化解社会矛盾的体制和机制，实现社会治理目标从“刚性稳定”到“韧性稳定”的切换。

（五）通过司法回应治道变革

司法能通过司法程序及裁判结果实现对社会关系的个别调整，并进而发挥指引社会治理的作用，因此，通过司法体制改革不但能规范其自身的内部运作，而且能有效发挥司法的社会控制、整合与协调功能，从而实现社会秩序的稳定。除此以外，司法也能作为社会矛盾纠纷的显示器或预警机，及时

---

① 强能政治的基础是公共权力占有和支配的社会资源足以实现治理社会的目的。在这种治理形式下，公共权力和公共社会有所分离，公共社会有其自由活动的空间。但公共权力所占有和支配的社会资源使其有足够的能力驾驭和控制社会，施政方式灵活多样。参见徐勇：《GOVERNANCE：治理的阐释》，载《政治学研究》1997 年第 1 期。

② Janet Vinzant Denhardt，Robert B. Denhardt，*The New Public Service：Serving，not Steering*，New York：M. E. Sharpe, 2007, p.84.

③ 参见戚建刚：《论群体性事件的行政法治理模式——从压制型到回应型的转变》，载《当代法学》2013 年第 2 期。

④ 凌斌：《科层法治的实践悖论：行政执法化批判》，载《开放时代》2011 年第 12 期。

⑤ 例如，安徽省泾县民政局对一违反规定土葬的逝者强行火化，引发了强烈的社会负面反响。参见李光明：《安徽泾县“挖坟焚尸”事件调查》，载《法制日报》2013 年 12 月 30 日第 4 版。

⑥ 柯恩指出，给出法律理由，即论理说理是法治的本质属性之一。参见［美］玛蒂尔德·柯恩：《作为理由之治的法治》，杨贝译，载《中外法学》2010 年第 3 期。

地发现系列矛盾，并化解类似纠纷，同时为社会治理提供一定的反馈和反思机制，从而推动社会制度顺利与平稳地发展。具体到社会治理时代，政府控制力的下降和多元社会主体的共治要求司法进一步提升其权威性和公信力，通过其对社会纠纷的最终裁决功能承担更多的责任，例如社会治理中的责任追究等。

三、加快完善社会治理

社会治理体系是国家治理体系的重要组成部分。要坚持宪法原则，坚持人民主体地位，坚持公平正义，坚持立足我国国情，构建科学先进、完备协调、亲民便民、灵活高效的现代化社会治理体系。

（一）健全社会治理体系

创新社会治理体制之核心在于健全社会治理体系。创新社会治理体制应着重解决以下方面的问题：其一，要切实理顺政府、社会和市场的关系，革除政府全能主义治理模式的弊病和惯性，严禁政府既当“裁判员”又做“运动员”；其二，要加快实施简政放权和政社分开，不仅放权而且让利；其三，要完善社会治理制度机制和法律法规安排，增加社会领域立法，确保社会治理有法可依，并重点解决法律规范的良善性问题，构建良善的社会规范立体网络，确保法律与各项改革政策及时对接，确保法律实施有明确细致可操作的流程。完善社会治理体系要重点推进完善八大治理体系：一为社会矛盾化解体系；二为流动人口服务管理体系；三为特殊人群服务管理体系；四为公共安全体系；五为社会组织服务管理体系；六为网络社会服务管理体系；七为协同治理体系；八为现代化法治社会建设指标体系。

（二）社会治理结构之优化

社会治理结构是社会治理功能有效发挥的依托和凭据。优化社会治理结构的原则和目标：坚持党委领导、政府主导、社会参与的原则，促进社会治理领域主体多元、要素齐备、服务多样、功能全面。[①]

① 例如，深化“三社联动”，形成以城乡社区为平台、社会组织为载体、社会工作人员为支撑的社会治理架构。

其一要优化社会、政府以及市场之间的关系结构。政府职能转变与社会、市场发展具有密切联系。推进政府职能转变，落实政社分开，努力向社会放权和释放更多的公共空间。改进社区和农村基层管理体制，确保基层有效自治。

其二要优化现实社会和网络社会的关系结构。加快建立网络社会治理体系，准确把握网络社会的特点和规律，在提升技术的同时，从制度上提高网络社会的可治性，激发网络社会对现实社会的正能量。尽快建立包括互联网金融在内的新型网络应用的监管原则和制度框架，以底线监管约束和保障创新。

其三要优化城镇社会和乡土社会的关系结构。加强农村治理，完善城镇治理。在推进新型城镇化和新农村建设过程中，充分保障相关群体的合法权益，尤其是个人利益、长远利益、根本利益。坚持城镇社会和乡土社会之间的资源流动的互利原则，尤其是对农村农民有利的原则。分解城市终端执法压力，加强城市管理执法的规范性、文明性和权威性。

（三）创新社会治理体制机制

创新社会治理方式[①]需要从以下四个方面入手。

一是公共服务供给领域的社会治理方式创新。在公共服务供给方面，鼓励政府和社会力量在一定领域充分有序竞争，通过竞争提高公共产品质量，使人民群众受益。加快健全政府购买公共服务制度。科学设定政府购买公共服务的范围，优化合同质量，保证公共服务价格的合理增长，提升公共服务品质；建立服务终止和退出机制。

二是公共职能承担领域的社会治理方式创新。在公共职能承担方面，培育和积蓄健康的社会力量，鼓励和保障有序的社会参与，吸收和转化可用的社会智力。依法发展和规范社会组织，使之成为政府职能转移的有效承接者、社会政策的重要执行者和社会服务的重要提供者，真正发挥其在提供服务、反映诉求、规范行为方面的主体作用。扶植、引导、规范社会组织的各项活动。降低准入门槛，加强资源供给，疏通人才交流渠道，切实激活社会力量。

---

① 创新社会治理方式的原则和目标：坚持系统治理、综合治理、源头治理，提高社会治理体系的亲民性、回应性和服务性。

加强章程治理，推进社会组织明确权责、依法自治、发挥作用。

三是公共权力行使方面的社会治理方式创新。在公共权力行使方面，进一步规范社会公共权力，在推进社会自治的同时，强化对社会组织的监督管理，改进社会组织内部治理结构，提升社会组织的自治和自律能力。给社会组织等的公权力设定边界，严防社会组织腐败。

四是社会治理手段方面的创新。在社会治理手段方面，改变强制行政在社会治理领域大行其道的传统，积极采用协商、指导、合同等柔性治理手段，从而提高社会治理的可接受性。引入信息化手段，大力推进电子政务平台等的信息化建设，从而提高社会治理效率和有效性。加强信息公开，全面公开各项治理工作的规则，充分保证民众的知情权，使政府以及其他公权力行使者的各项工作始终置于社会监督之下。全面推进诚信体系建设，联网共享社会主体诚信、守法记录，加大失信违法成本，使不诚信者、违法者在社会中寸步难行。建立科学的社会评价制度，积极探索“以评促管”的新型监管措施。

（四）提高社会治理能力

社会治理能力是国家治理能力的重要内容，至少需要从以下几方面加以推进。

其一要提升运用规则实现治理目标的能力。深入开展法治教育，树立宪法法律权威，切实改变信权、信钱、信情、信访而不信法的现象。坚持科学立法、严格执法、公正司法，坚持法治和德治并举，下大力气培育公民的法治信仰，在全社会形成自觉尊法学法守法用法的浓厚氛围。加强法律实施，减少执法成本、难度和风险，营造合作融洽的新型政社关系。其二要提高动态治理能力，动态治理是维持社会稳定的重要因素。其三要提高民主治理能力。健全群众诉求表达和利益协调机制，切实加强基层、打牢基础、固本强基，形成社会治理合力。其四要提高风险治理能力。降低社会管理和服务成本，减少社会管理中可能出现的摩擦，及时无害地释放社会负能量。建立健全社会稳定风险评估制度、风险预警机制，针对不同类型、不同程度的社会风险，建设分梯次的风险控制制度。对于教育、医疗、幼儿园、殡葬、博物馆、公园等与民生密切相关的行业和领域，应进一步完善立法，科学设计准入制度，规范收费，明确服务标准，加强监管密度，细化监管流程。从产生矛盾的基层入手，从百姓感受最直接的地方入手，强化基础性工作，防微杜渐，掌握矛盾应对主动权。

第四节 加强和创新社会治理

党的二十大报告指出，要完善社会治理体系，健全共建共治共享的社会治理制度，提升社会治理效能，畅通和规范群众诉求表达、利益协调、权益保障通道，建设人人有责、人人尽责、人人享有的社会治理共同体。党的二十大站在推进国家安全体系和能力现代化的战略高度，对完善社会治理体系作出新的部署。完善社会治理体系是以习近平同志为核心的党中央从推进国家安全体系和能力现代化，坚决维护国家安全和社会稳定的战略高度提出的一项重大任务。我们要坚持以习近平新时代中国特色社会主义思想为指导，按照党的二十大决策部署，完善社会治理体系，提升社会治理效能，以社会治理现代化夯实“中国之治”的基石。立足于新的历史方位，站在新时代的历史起点上，全面回顾我国社会治理的历史成就和成功经验，前瞻中国新时代在社会治理方面面临的使命和任务，具有十分重要的意义。

一、中国社会治理的基本背景与发展脉络

从中华人民共和国成立到目前的70多年的历程中，新中国的社会治理经历了一个不断发展的过程。

（一）从政府管制到社会管控

中华人民共和国成立以后到1976年，我国处于以阶级斗争为纲的特殊历史时期。国家与社会高度整合，呈现出国家—社会一体化特征。与这一阶段的国情和社会基本矛盾相适应，我国社会呈现出“政府管制”的特点，国家权力渗透到社会的方方面面。党的十一届三中全会以后，国家确立了“以经

济建设为中心”的发展新理念。改革开放初期，我国仍然延续计划经济体制和管控型社会管理体制。[①] 随着“以经济建设为中心”的工作重心的确立，尤其是1992年，党的十四大正式确立建立社会主义市场经济体制的目标，经济转轨带来了社会转型，社会逐渐从国家体制中相对独立出来，社会综合治理开始被广泛提及，我国的社会治理进入了社会管控阶段。

（二）从社会管控到社会管理

2004年以后到2012年，我国社会治理进入“社会管理”阶段。2004年，中央首次提出社会管理议题，将其作为顶层设计的重大任务加以部署。党的十六届四中全会上首次提出要建立健全党委领导、政府负责、社会协同、公众参与的社会管理格局。2007年，党的十七大报告提出要“健全党委领导、政府负责、社会协同、公众参与的社会管理格局，健全基层社会管理体制”。2010年，全国确定35个社会管理创新综合试点，并制定了《全国社会管理创新综合试点指导意见》。2012年，党的十八大提出要“在改善民生和创新管理中加强社会建设”。社会管理及其创新是这一时段我国认识和实践社会建设工作的关键词和方法论。

（三）从社会管理迈向社会治理

党的十八大以来，真正现代意义上的社会治理得以确立和发展。2013年，党的十八届三中全会在《全面深化改革的决定》中提出“加快形成科学有效的社会治理体制”，并从改进社会治理方式、激发社会组织活力、创新有效预防和化解社会矛盾体制、健全公共安全体系四个方面提出了原则性要求。2014年，党的十八届四中全会提出推进多层次多领域依法治理，并指明要坚持系统治理、依法治理、综合治理、源头治理，提高社会治理法治化水平。2015年，党的十八届五中全会进一步提出加强和创新社会治理，是加强和改善党的领导，实现“十三五”规划的重要抓手。要建设平安中国，完善党委领导、政府主导、社会协同、公众参与、法治保障的社会治理体制，推进社会治理精细化，构建全民共建共享的社会治理格局。2016年，习近平总书记在全国社会治安综合治理创新工作会议上指出，要“更加注重联动融合、开

① 参见窦玉沛：《从社会管理到社会治理：理论和实践的重大创新》，载《行政管理改革》2014第1期。

放共治，更加注重民主法治、科技创新，提高社会治理社会化、法治化、智能化、专业化水平，提高预测预警预防各类风险能力。要坚持问题导向，把专项治理和系统治理、综合治理、依法治理、源头治理结合起来。要完善社会治安综合治理体制机制，加快建设立体化、信息化社会治安防控体系”。①

在党的十八届三中全会上，“社会治理”这一新概念第一次出现在党和国家的文献中，取代了过去的“社会管理创新”的提法，并且把创新社会治理体制置于国家发展战略的高度。这是党的社会建设理论与实践的一次重大创新，它的提出，意味着中国社会建设在顶层布局上进入崭新阶段。从社会管理到社会治理，反映了在治理主体、治理方式、治理范围、治理重点等方面的明显不同，意味着社会治理由过去政府一元化管理体制转变为政府与各类社会主体多元化协同治理体制，凸显了公众参与在社会治理中的基础性地位。这是对改革开放和社会主义现代化建设新时期我们党处理社会问题、解决社会矛盾所取得经验的深刻总结，集中反映了以习近平同志为核心的党中央在我国社会建设方面取得的重要理论与实践成果。其后，党中央对加强治理、完善体制、创新机制作出了一系列重要部署，社会治理格局得以明确，社会治理思路越来越清晰，社会治理效能日益得到彰显。

二、党的十八大以来我国社会治理改革回顾

党的十八大以来，受益于从管理到治理的理念升级及相关制度安排所拓展的新格局，受益于技术进步为治理创新开辟的新空间，社会治理体系更加完善，社会大局保持稳定，国家安全全面加强，中国的社会治理取得了重大的成就。

（一）以党的领导为核心，以社会组织为重点，着力推进合作共治

党的十八大以来，无论在社会治理的顶层规划还是在具体实践中，党在社会治理中的领导地位得到了加强。党的领导是中国社会治理体系和治理能力现代化的组织保障。总揽全局、协调各方既是党的领导权能的核心表现，

① 中共中央文献研究室编：《习近平关于社会主义社会建设论述摘编》，中央文献出版社 2017 年版，第 135 页。

也是党的领导责任的具体要求。特别是党的十八大以来，从严治党、惩治腐败的扎实推进，被视为“最大的社会治理”。[①]重大举措环环相扣，“老虎”“苍蝇”一起打，不仅提升了党的领导效能，刹住了歪风，伸张了正义，赢得了党心民心，还通过党风政风的好转带动了社会风气的好转，促进社会风气向上健康发展。针对群团组织存在的突出问题，大刀阔斧地改革群团组织，使群团组织更有效地发挥党和政府联系人民群众的桥梁和纽带作用。大力加强基层服务型党组织建设，使党的建设覆盖到各类企事业单位、各种社会组织、各个城乡基层，强化党组织的领导核心作用。这些措施，对全面加强党对社会治理的领导起到了重要作用。政府主导、社会协同、公众参与是党的十八大以来中国社会治理合作共治的基本模式。其中，社会组织是公众和社会力量参与社会治理的重要载体，也是我国社会治理中的短板和难点。党的十八大以来，中央有关部门制定和实施了一系列清理、规范和支持社会组织发展的办法。推动行业协会、商会与行政机关真正脱钩，致力于建立新型行业协会商会管理体制和运行机制，促进和引导行业协会商会自主运行、有序竞争、优化发展。各级政府积极探索实行购买服务机制，重视发挥社会组织在引导社会成员参与风险评估、矛盾调解、社区矫正、青少年教育管理等方面的作用，取得了积极效果。各类社会组织有效发挥了表达社会诉求、推动社会整合、承担政府管理部分职能、联系社会与政府等方面的作用。在2016年的二十国集团峰会期间，浙江省3.5万余个社会组织、230余万人充分参与基层社会治理，共建共享成为新常态。[②]

（二）以人民为中心，以人民幸福美好生活为追求，妥善处理一系列重大关系，聚焦保障与改善民生

党的十八大以来，包括社会治理在内的国家各项建设突出显示以人民为中心这一基本立场。一切为了人民、一切依靠人民，为了一切人民，为了人民的一切以及一切由人民检验，得到切实彰显和有效落实。民生是人民幸福之基、社会和谐之本，是社会治理的基本保障。党的十八大以来，党和国家积极推动解决人民群众的基本民生问题，在保障和改善民生方面实施了一系

① 魏礼群：《党的十八大以来社会治理的新进展》，载《光明日报》2017年8月7日第11版。
② 参见顾春：《让群众当社会治理主角》，载《人民日报》2016年11月2日第17版。

列的重大工程，取得了举世瞩目的成就。第一，党的十八大以来，党中央把贫困人口脱贫作为全面建成小康社会的底线任务和标志性指标，在全国范围全面打响了脱贫攻坚战。经过全党全国各族人民的共同努力，我国脱贫攻坚战取得了全面胜利，现行标准下 9899 万农村贫困人口全部脱贫，832 个贫困县全部摘帽，12.8 万个贫困村全部出列，完成了消除绝对贫困的艰巨任务。第二，党的十八大以来，国家大力扶持就业、促进创业，全面推行"大众创业，万众创新"，持续推进"放管服"改革，激发了社会创造力，就业创业人员稳定增加，为改善民生和维护社会稳定发挥了重要作用。第三，党的十八大以来，我国社会保障制度在实现广覆盖、保基本、可持续的框架基础上，进一步打破城乡分割、单位双轨的坚冰，建立了全国统一的城乡居民基本养老保险制度，实施养老金并轨改革。国家进一步统筹推进社会救助，制定和颁布了《慈善法》，助力社会保障体系建设。第四，党的十八大以来，国家采取一系列政策措施，引导房地产业持续健康发展。构建了包括公共租赁住房、棚户区改造、农村危旧房改造、住房公积金等在内的住房保障体系。第五，党中央、国务院更加重视环境保护与治理，着力推进解决影响人民群众身心健康和社会稳定的环境问题。各地普遍清理"散、乱、污企业"，城乡人居环境明显改善。

（三）**以公平正义为要旨，以公共服务为抓手，夯实社会治理源头**

党的十八大以来，党和国家围绕提升全社会公平水平采取了一系列重大决策部署和制度安排，并透过有效的公共服务，促进社会公平和整体福祉提升。其一，国家大力促进教育公平制度建设。健全家庭经济困难学生资助体系，构建利用信息化手段扩大优质资源覆盖面的有效机制，逐步缩小区域、城乡、校际差距。健全政府补贴、政府购买服务、助学贷款、基金奖励、捐资激励等制度。推进考试招生制度改革。其二，我国建立现代医疗卫生制度，基本医疗保障制度覆盖全民，大病保险和医疗救助制度得到完善，医药卫生体制改革进一步深化，公立医院以药养医机制得以破除。2016 年，中共中央、国务院印发《"健康中国 2030"规划纲要》，致力于全方位、全周期维护和保障人民健康。其三，国家实施人口发展战略，调整完善生育政策，构建以生育政策、就业制度、养老服务、社保体系、健康保障、人才培养、环境支持、社会参与等为支撑的人口老龄化应对体系，积极研究制定渐进式延迟退休年龄政策。其四，国家建立全国城乡统一的户口登记制度，取消户口性质区分；推进城镇基本公共服务常住人口市民化，“居住证”取代“暂住证”，使居民据此享受所在城市各类基本公共服务和各项便利。

（四）以国家总体安全观为指导，以国家安全体制为基石，健全立体的公共安全体系

党的十八大以来，以习近平同志为核心的党中央确立了总体国家安全观：既要重视“国土安全”，又要重视“国民安全”；既要重视“国家发展”，又要重视“国家安全”；既重视自身安全，又重视共同安全。这是我国社会治理思想领域的重大创新。为了落实总体国家安全观，党中央决定建立集中统一、高效权威的国家安全体制，采取了一系列重大举措，设立国家安全委员会，制定《国家安全战略纲要》和《关于加强国家安全工作的意见》，修订并通过新的《国家安全法》，对维护国家安全和社会安全已经并将起到十分重要的作用。

党的十八大以来，“平安建设”被提到了一个新的历史高度。围绕深入推进平安建设，健全公共安全体系，推出食品药品安全、安全生产、防灾减灾、社会治安防控和网络安全等方面的体制机制改革举措。成立了统一权威的食品安全监管机构，建立了严格的覆盖全过程的监管制度，出台了一系列保障食品药品安全、质量安全的政策措施。持续深化安全生产管理体制改革，建立隐患排查治理体系和安全预防控制体系，努力遏制重大安全生产事故。健全防灾减灾救灾体制。应急管理体系不断健全，应对危机与风险的能力明显提高。加强社会治安综合治理，创新立体化社会治安防控体系。完善网络和信息化管理领导体制，制定和实施网络安全战略，加强网络市场监管。平安中国建设取得重要新进展。

（五）以基层为中心，以条线为抓手，加强城乡社会治理

城乡社区是社会治理的基本单元，也是社会治理体系中的基础部分。近年来，党和政府更加重视城乡社区治理，各地普遍推行民主化、网络化、网格化、精细化管理，完善城乡社区治理体系，创新城乡居民全面服务管理新模式。畅通民主渠道，开展基层协商，推进城乡社区协商制度化、规范化和程序化。坚持因地制宜，突出特色，推动各地立足自身资源、条件、人文特色等实际，完善社区治理模式。完善市民公约、乡规民约等行为准则。重视传播优秀传统文化，大力开展乡风、村风、家风建设。加强历史文化名城名镇名村和传统村落保护，传承向上向善的正能量，推动中华优秀传统美德与文化的保护和创新发展，促进平安社会、和谐社会建设。

（六）以德法兼治为引领，以改革创新为动力，完善社会治理的体制、规则和机制

习近平同志强调："要坚持依法治国和以德治国相结合，实现法治和德治相辅相成、相得益彰。"[①] 法治是治国理政的基本方式，发挥对社会治理的保障作用。"培育和弘扬核心价值观，有效整合社会意识，是社会系统得以正常运转、社会秩序得以有效维护的重要途径"，[②] 发挥着凝聚社会共识、提升社会认同的作用。党的十八大以来，以推进全面依法治国为契机，国家不断加强社会治理的法治化与制度化建设。当前，中国特色社会主义法律体系日益完备；高效的法治实施体系、严密的法治监督体系、有力的法治保障体系建设取得显著成效，为社会治理发挥了重大推动作用。

道德是社会的隐性制度，在社会治理过程中对人的社会行为进行引导与规范，与法律制度等"显性制度"交互影响，共同构建社会秩序。[③] 社会诚信是道德的突出内容，是社会有序与社会和谐的基础，既是社会治理的环境要素，也是社会治理的直接目标。党的十八大以来，党和国家对社会诚信建设作出了一系列重要部署。2014 年，《社会信用体系建设规划纲要（2014—2020 年）》《中央文明委关于推进诚信建设制度化的意见》先后发布；2016 年，《国务院关于建立完善守信联合激励和失信联合惩戒制度加快推进社会诚信建设的指导意见》《国务院关于加强政务诚信建设的指导意见》《国务院办公厅关于加强个人诚信体系建设的指导意见》相继出台。2017 年，中共中央、国务院

① 习近平：《坚定不移走中国特色社会主义法治道路 为全面建设社会主义现代化国家提供有力法治保障》，载《求是》2021 年第 5 期。

② 中共中央党史和文献研究院编：《习近平关于社会主义精神文明建设论述摘编》，中央文献出版社 2022 年版，第 98 页。

③ 朱辉宇：《道德在社会治理中的现实作用——基于道德作为"隐性制度"的分析》，载《哲学动态》2015 年第 4 期。

印发的《中长期青年发展规划（2016—2025年）》中，将推进青年信用体系建设、倡导和培育青年诚信品格纳入青年发展事业总体布局。与此同时，全面加强社会信息基础设施、基础制度、基础能力建设，一系列配套制度快速健全：加快推动统一社会信用代码制度，建立以居民身份证号码为唯一代码、统一共享的国家人口基础信息库，建立公民统一社会信用代码制度、法人和其他组织统一社会信用代码制度，等等。

（七）以体制机制创新为经，以路径方式创新为纬，实现社会治理体系与治理能力现代化

党的十八大以来，社会治理的体制机制创新被放在突出重要的地位。习近平同志指出："加强和创新社会治理，关键在体制创新。"[①] 以善治为统帅，努力推动系统治理、综合治理、依法治理、源头治理和专项治理的有机结合，取得了一系列治理的成效和经验。在治理体制方面，我国在探索中逐步确立并致力完善"党委领导、政府主导、社会协同、公众参与、法治保障"的社会治理体制；在社会治理机制方面，建立健全党委领导和政府主导的维护群众权益机制、社会利益协调机制、预防和化解社会矛盾机制、社会风险评估机制、突发事件监测预警机制，保证社会治理的常态化、长效化、社会化、智能化。按照推进社会治理现代化的要求，积极探索社会治理方式创新。以现代科技为抓手，以社会治理队伍为力量，推动社会治理体系和治理能力的现代化。

北京、上海和深圳等特大城市积极探索符合超大城市特点和规律的社会治理新路径，强化网络化、智能化管理，提高城市管理标准，大力推行基层治理信息化，打造"智慧社区"，不断提高城市社会治理精细化、智能化、现代化管理水平。

三、中国新时代社会治理之前瞻

党的二十届三中全会通过的《中共中央关于进一步全面深化改革 推进中

① 中共中央党史和文献研究院编：《习近平关于城市工作论述摘编》，中央文献出版社2023年版，第77页。

国式现代化的决定》再次强调“健全社会治理体系”，明确提出要“坚持和发展新时代‘枫桥经验’，健全党组织领导的自治、法治、德治相结合的城乡基层治理体系，完善共建共治共享的社会治理制度”，并特别就“加强党建引领基层治理”“提高市域社会治理能力”“深化行业协会商会改革”“健全社会组织管理制度”等进行专门部署。这为新时代的社会治理指明了方向，描绘了蓝图。

随着我国社会进入新时代，社会的主要矛盾发生了明显变化，社会治理面临的任务、预设的目标也有所变化。尤其是在国家的总任务由全面建设小康社会转变为全面建成社会主义现代化强国之后，今后一个时期社会治理的重要任务，就是要坚持走中国特色社会主义社会治理之路，以良法善治为目标，以社会协同为路径，构建共建共治共享的社会治理格局，打造人人有责、人人尽责的命运共同体，推进社会治理的社会化、法治化、智能化和专业化，从而实现社会治理的现代化。

社会治理难在整合、重在预防、贵在长效、安在制度、成在文明。上述社会治理发展总目标，至少包含五个重要方面：第一，从合作共治到系统协同，社会治理体系完备体制成熟。第二，从有效治理到长效治理，社会治理源头理顺夯实。第三，从矛盾应对到风险预防，前瞻性治理有效回应社会系统性风险。第四，大批相对稳定的机制模式沉淀为制度、上升至法律，社会治理各项活动全面纳入法治轨道。第五，社会治理愿景由社会平安迈向社会文明，从社会秩序升级到社会美好。

从当前到今后的相当一段时间，社会进入急速变革、高度复杂、全面风险的新阶段。社会治理必须立足当下社会现实格局与基本生态，抓住主要矛盾和关键难点。有鉴于此，为实现上述总目标和五个重要方面的展开，今后我国社会治理应重视如下具体工作。

（一）科学配置全社会治理的治权，构建协同治理的格局

合作治理更强调参与主体的平等地位，但相比而言，协作是较合作更高形态的组织间关系。[①] 后者不仅要求多元主体基于共同目标参与行动，而且强

---

① 参见郭道久：《协作治理是适合中国现实需求的治理模式》，载《政治学研究》2016 年第 1 期。

调多元主体按照一定的分工发挥各自的特定作用。中国的社会治理应当迈向科学的协同治理。一方面，进一步明确政府主导和社会参与的具体分工与协作模式，基于各自优势科学配置治权，明确各自权责。以社会组织为例，针对自我保护型社会组织，政府可以采取“孵化赋能策略”提升社会组织的自我服务能力。针对专业服务型社会组织，政府可以采取“竞争性购买策略”，吸纳此类社会组织的专业服务能力。另一方面，构建政府与社会协作平台，使社会组织在治理中获得合法性、生存资源及活动空间，同步推动国家能力特别是服务能力获得建设性的增长，并促进国家权力与社会自治保持“有机团结”。① 在此过程中，应当重视责任的同步配置，促使参与治理者规范行使治权。

（二）深度利益整合，共享和补偿同步推进

社会治理的根本挑战来自资源稀缺条件下多元主体的利益冲突，社会治理的深层次问题是利益的衡平，其背后是人们对幸福美好生活的追求和我们的社会发展不均衡、不充分之间的矛盾。无论是广场舞大妈与附近居民之间的安宁矛盾，② 还是“暴走团”与司机之间的路权之争，③ 直至垃圾处理站建设中的邻避效应，其背后都是不同利益主体的利益冲突。社会治理的调整涉及社会群体利益格局的变换，难以自动弥合民众多元的利益诉求。未来，需要进一步推进改革和社会公平，不断打牢和巩固社会和谐稳定的物质基础，从源头上预防和减少社会矛盾的产生。同时，探索对各种利益进行深度整合，创造共赢模式，在各领域推进共建共享。对于必须作出利益调整，确实难以实现利益共赢的改革问题，应当做足做好补偿。这是帕累托改进的基本要求，也是防范社会风险的根本之道。

（三）着眼于重心下移和系统治理，实现社会治理资源的优化配置

社会治理重心在基层。习近平同志指出，“社会治理的重心必须落到城乡

---

① 杨宝：《政社合作与国家能力建设——基层社会管理创新的实践考察》，载《公共管理学报》2014 年第 2 期。

② 清越：《广场舞考验社会治理智慧》，载《光明日报》2018 年 11 月 8 日。

③ 卢泽华：《给“暴走团”一条安全之路》，载《人民日报（海外版）》2017 年 7 月 18 日第 9 版。

社区”。[①] 基层治理是党中央治国理政和人民群众参与国家治理的基本结合点。基层社会治理精细化、网格化是当前和今后我国基层社会治理建设与完善的目标，是夯实社会治理基础的关键。基层社会治理往往因资源不足而陷入治理困境。尤须进一步下沉治理资源，增强城乡社区服务和管理能力，筑牢基层社会治理根基。

加快推进民生领域体制机制创新，促进公共资源向基层延伸、向农村覆盖、向弱势群体倾斜；健全基层公共服务体系，建立更加公平的社会保障制度，逐步实现基本公共服务均等化，维护社会成员的基本福祉，全面解决基层群众面临的就业、住房、医疗、教育等方面的困难。夯实公众参与社会治理所需具备的政治经济社会基础，破除目前仍然存在的影响公众参与的体制机制以及文化观念上的障碍，提升社会成员作为“社会人”的能动力，[②] 促使个人发展与社会发展相一致。

（四）积极拥抱现代科技，提升社会风险预测预警和防控能力

习近平同志指出，“社会治理是一门科学”。[③] 新技术的运用能够迅速拓展社会治理创新的空间与格局。社会治理是对社会的经济、政治和文化等事务进行组织、协调、指导、规范、监督的过程。它以掌握治理对象的状况及其外部环境的信息为前提。[④] 随着互联网特别是移动互联网发展，社会治理模式正在从单向管理转向双向互动，从线下转向线上线下融合。大数据技术通过对海量数据的快速收集与挖掘、及时研判与共享，成为支持社会治理科学决策和准确预判的有力手段。云计算对于打造生态绿色、智慧管理的新型社会治理模式能够发挥重要作用。随着 EI、AI 技术的快速崛起和广泛应用，社会治理要紧密跟踪技术变化所带来的治理方式乃至治理模式改进的机会与空间，与时俱进地创新优化，不断提升社会治理智能化、专业化水平。

---

① 中共中央党史和文献研究院编：《习近平关于城市工作论述摘编》，中央文献出版社 2023 年版，第 77 页。

② 参见崔岩：《社会质量与我国社会治理创新》，载《光明日报》2016 年 1 月 18 日第 11 版。

③ 中共中央党史和文献研究院编：《习近平关于城市工作论述摘编》，中央文献出版社 2023 年版，第 5 页。

④ 参见唐胜宏等：《大数据时代的机遇与挑战——利用大数据技术创新社会治理》，载《光明日报》2014 年 7 月 7 日第 11 版。

（五）坚持公正司法、便民司法相结合，进一步提高司法公信力

司法在社会治理中扮演至关重要的角色，被称为“微观社会矛盾纠纷的灵敏显示器和社会治理状态的预警机”。随着我国法治建设的全面深化，越来越多的社会冲突进入司法渠道，为司法裁判社会治理功能的释放提供了广阔舞台。司法在对具体矛盾定分止争的同时，也维护公民权利和监督公权力。在此过程中，司法实现了法治价值的传播，促进公众守法习惯的养成，并敏锐捕捉社会变化并对其进行适度回应，为治理规则的完善升级积累经验，促进社会治理在法治轨道上健康发展。

部分社会矛盾因缺乏对应的法律规范的明确规定，难以通过是非对错的裁决模式处理，无法进入司法渠道，被学者称为“法治剩余”。[①] 法治剩余问题深刻困扰基层治理。信访制度及其背后的行政体制采用与法院相异的原则对待社会矛盾，践行一套独具特色的矛盾化解机制，能够将法治剩余问题吸纳进入行政体制，激发地方政府积极回应社会矛盾。因此，应当认真理性对待信访制度，构筑司法主体、信访兜底的多元纠纷解决机制，重建信访的政治属性，依法规范信访行为，回到信访对社会的治理这一本义上来，[②] 发挥其吸纳法治剩余、处置社会矛盾的功能。

（六）坚持严格执法与规范公正文明执法相结合，让全民的规则意识成为社会治理的基础

执法是政府开展社会治理的主要方式。要保证执法文明，提升执法刚性，明确规则红线。在今后的社会治理中，要彻底清除简单粗暴、管控社会的管理思维，在强化严格执法的同时，更要强调规范公正文明执法，杜绝执法活动可能引发的冲突和风险。在此前提下，适应社会群体利益诉求的表达、协调与救济常态，逐步消除以回避矛盾为目的的妥协执法、弹性执法。弹性执法固然具有稳定和防范冲突的功能，但其本质上违背法治思维，破坏法治文化，影响消极，后果负面。新阶段的社会治理，法治要露齿亮剑，使社会成

---

① 桂华：《论法治剩余的行政吸纳——关于“外嫁女”上访的体制解释》，载《开放时代》2017年第2期。

② 参见刘正强：《重建信访政治——超越国家“访”务困境的一种思路》，载《开放时代》2015年第1期。

员明确规则意识和规则感知。为此，基层执法者要树立起科学的社会稳定观，以合法的方式有效化解各种矛盾纠纷，以法律规则为依据进行具体治理。[①]为落实严格执法的要求，在立法和政策制定中需要充分提供公众参与和意见表达机会，切实落实法律和公共政策的科学性和可执行性，全面评估其对不同社会阶层和群体利益的具体影响，在必要的情况下应制定完备的应对或补偿方案。

（七）提炼公共价值，重视舆论治理，加强社会心理建设，夯实社会治理的文化基础

高水平的社会治理有赖于社会主体的自我服从，而自我服从又源于社会主体的高度认同。在社会治理过程中，需要高度重视社会成员对治理活动的主观认知。明确地把社会心态培育、社会心理建设纳入社会治理的策略中。[②]网络社会具有开放性和表达机制对等性等突出特点，互联网不仅推动了社会沟通、重构了公共环境中的信息传播机制和权力关系，实现了“话语权再分配”，[③]而且使普通事件公共化程度提高，并增加了公共事件和宏观社会的不确定性。这对社会成员的治理认知和信任都构成重要挑战。再造话语秩序，重塑社会信任是未来社会治理的难点所在。传统的管制方法对于解决上述问题存在诸多局限。一个可资借鉴的重要方向是重视公共价值的发掘、提炼与表达，[④]并释放其在社会治理中的凝聚与统和作用。

---

① 参见陈柏峰：《基层社会的弹性执法及其后果》，载《法制与社会发展》2015 年第 5 期。
② 参见王俊秀：《社会心理建设是创新社会治理的基础》，载《光明日报》2015 年 9 月 7 日。
③ 胡百精：《互联网、公共危机与社会认同》，载《山东社会科学》2016 年第 4 期。
④ 参见钟晓华：《公共价值治理范式对社会治理的重构》，载《国外理论动态》2016 年第 8 期。

◉ 第五章 ◉

法治中国建设工程的验收
——评估标准与国家治理商数

全面依法治国是国家治理体系和治理能力现代化的核心要求。法治中国建设的评估应纳入国家治理的评估指标中，以国家治理商数作为最终的“衡量标尺”和“核心标志”。

国家兴亡，在一定程度上取决于国家治理商数的高低。国家治理商数简称“治商”，系以商数形式衡量国家治理水平的数量指标，其数值是国家治理体系、国家治理能力与国家治理成本的比值，其性质为量化治理、循“数”治国思想和技术的“合金”，其先进性在于其内核为逻辑和运算所打造，其科学性为大数据和云计算等技术平台所保障。国家治理商数在推进国家治理体系和治理能力现代化进程中具有重要的理论与实践意义。

第一节 国家治理与国家治理商数的界定

一、国家治理含义勘正

厘清国家治理的含义，是界定国家治理商数的前提。国家治理有两种不同的理解：一是新词旧意，认为国家治理与国家统治、国家管理的实质是一致的，并无根本区别；[①] 二是新词新意，认为国家治理是对国家统治和国家管理的升级、转型和超越。[②] 比较来看，后者为主流观点。

笔者认为，以上两种观点实难成立：一方面，无论在内容还是形式上，抑或在内涵或者外延上，国家治理都有别于国家统治和国家管理，三者不能等同；另一方面，提出国家治理的命题并不意味着国家统治、国家管理就自动地、完全地消失了，更不消说，未提国家治理之前，世界上就没有国家治理。笔者认为，关于国家治理与国家统治、国家管理的关系，以“层次论”诠释更显妥当。第一，国家治理与国家统治、国家管理是不同的，三者因所在层次有别而不能等同或互用——相对来说，国家治理处在一个意识形态要

---

① 其理由在于：第一，治理一词的原意与统治、管理非常接近，解释上往往相互为用（在西方，该词源于拉丁文 gouvernail，原意是掌舵、引导和操纵；在我国权威辞书中，治理一词也与统治、管理相互释义。参见［法］皮埃尔·卡蓝默等：《破碎的民主——试论治理的革命》，高凌瀚译，三联书店 2005 年版，第 4~5 页；夏征农、陈至立主编：《辞海》，上海辞书出版社 2009 年版，第 2953 页）。第二，在政治生活和学术研究中，治理一词与统治、管理长期交叉使用（如蓝志勇、魏明认为：“治理的本质是统治，它有不同的类型，反映的是不同的时代诉求。”参见蓝志勇、魏明：《现代国家治理体系：顶层设计、实践经验与复杂性》，载《公共管理学报》2014 年第 1 期。又如刘家义认为：“国家治理就是通过配置和运作国家权力，对国家和社会事务进行控制、管理和提供服务，确保国家安全，捍卫国家利益，维护人民利益，保持社会稳定，推动科学发展。”参见刘家义：《论国家治理与国家审计》，载《中国社会科学》2012 年第 6 期）。

② 如何增科认为：“国家治理的概念是在扬弃国家统治与国家管理两个概念基础上提出的一个新概念。”参见何增科：《理解国家治理及其现代化》，载《马克思主义与现实》2014 年第 1 期。俞可平认为：“与统治相比，治理是更高层次的社会管理形式，其优势在于：‘它的基础不是控制而是协调，它不仅涉及公共部门，也包括私人部门，因此，它是多元权力（权利）的持续互动、信任合作与协调平衡。’”参见俞可平：《治理与善治》，社会科学文献出版社 2000 年版，第 9 页。

素更少、技术性要素更多的层次。第二，国家治理与国家统治、国家管理在逻辑上不是非此即彼的排他关系，三者因所在层次有别而可以同时存在。第三，国家治理与国家统治、国家管理也不是因“升级、转型和超越”而形成的纵向替代关系或进化关系。[①] 提出国家治理之后，国家统治、国家管理的制度与活动并未因此自然消失；未提出国家治理这个概念之前，国家治理的活动事实上也客观存在。第四，国家治理与国家统治、国家管理之间具有紧密的关联关系，国家治理的理念与实践对国家统治、国家管理都有着深刻影响，促推国家统治、国家管理的制度和活动更为科学、良善和文明。

总之，对于“国家治理”来说，其“质”既非西方治理理论的中国化，亦非中国之独创；其“源”既非古代“治国理政”一词的翻版，亦非仅仅属于当代；其“义”既非统治和管理、执政与施政、领导与引领等名词或术语所能涵摄，亦非这些概念的升级和超越。笔者认为，所谓国家治理，指的是执掌国家治权的人处理国务的一系列活动和制度的总称。[②] 集群而居的人类不论其共同体规模大小，都有公务需求，古今中西举凡一国莫不需要治理，由此而造就的包容性、跨域性、普遍性决定了国家治理与统治与管理、执政与施政、领导与引领等概念相比更具一般性。

二、国家治理商数的含义界定

国家治理商数可在两种意义上界定。在形式规范意义上，国家治理商数是以商数形式衡量国家治理水平的数量指标。在实质规范意义上，它是在量化治理思想的锻造下，借助“大数据”和“云计算”技术平台，采用特定的指标体系和计算法则，以量化的形式对国家治理状况作出全面、系统和客观

① 当前学界掀起“国家治理”研究热潮，一些学者持治理“替代”“取代”“终结”了统治、管理的观点，如韩冬雪:《衡量国家治理绩效的根本标准》，载《人民论坛》2014 年第 4 期，这种认识失之偏颇。

② 目前的定义容易陷入两个误区：一是片面地按照西方“治理”的概念来理解国家治理，认为“治理”不同于“管理”，是多主体、多中心的治理或者社会自治，或者认为“治理”与“管理”一字之差，就是民主政治与非民主政治的区别；二是过分强调“国家治理”的中国特色，认为其是在中国特色社会主义道路的既定方向上，在中国特色社会主义理论体系的话语语境中，在中国特色社会主义制度的坚持和完善的改革意义上，中国共产党领导人民科学、民主、依法和有效地治国理政。

评定的现代治理手段。对这个概念的要点，解释如下：

其一，国家治理商数的精义是量化治理、循“数”治国。老子曾言：“治大国若烹小鲜。”① 传统烹饪作为一门味觉艺术，较多地倚仗厨师个人的感觉与经验，因此关键在于“得其人”。如今，应因大规模生产经营的需要，人们对以手工操作为主、带有工艺性质的烹饪有了更多的科学反思和量化努力：在配料上实行定量化、规格化，使之能够实行规模生产和连锁经营；为了在烹调时能更精确地掌握油温而发明和使用测温勺；使用微波炉等现代化设备把某些菜肴的烹调时间固定下来；等等。可见，当代烹饪的关键已经从“得其人”逐渐转向“得其法”，从而使烹饪不仅作为一门艺术而且作为一门科学而存在。国家治理与之同理。经验式国家治理和试验式国家治理② 有其效用，但前者的缺陷和后者的局限是明显的，走向量化科学治理乃大势所趋。当然，世事的纷繁复杂和瞬息万变以及治理的千头万绪和难以言说使国家治理同其他艺术门类一样很难实现完全量化，但这不等于说国家治理无法纳入量化科学的轨道。事实上，我国已经进行了卓有成效的努力和尝试，比如我国根据各方面情况将 2013 年 GDP 预期增长目标与 CPI 控制目标分别设定为 7.5% 和 3.5%，并力求使经济运行处于合理区间，经济增长率、就业水平等不滑出“下限”，物价涨幅等不超出“上限”。在此合理区间内，着力调结构、促改革，推动经济转型升级。通过这样的过程控制，实际结果是国民经济增长 7.7%、CPI 上涨 2.6%。③ 这个例子说明，国家治理过程中的某些要素是完全可以量化的。国家治理商数就是秉持量化治理、循“数”治国的思想锻造出来的。

其二，国家治理商数的本质是一种现代治理手段。严格地说，未经量化的治理不是科学的治理，量化治理思想和技术运用的程度决定着国家治理的

---

① 《老子》第六十章。

② 从历史上看，国家治理基本上有两种模式：一是经验式国家治理，即借鉴传统经验或者别国经验治理国家。比如，在过去一个时期，拉美、非洲、中东的一些国家以美国为师，用西方民主模式治理国家。二是试验式国家治理，即在无经验可供借鉴或者既有经验不奏效的情况下，以适时应务的态度和改革创新的方法治理国家。比如，中国改革开放不法古、不西化，而采用“摸着石头过河”的方式，同时注重顶层设计。

③ 参见中国经济网：《国家统计局公布 2013 年经济数据：GDP 同比增 7.7%》，载 http://www.ce.cn/xwzx/gnsz/gdxw/201401/20/t20140120_2161245.shtml，最后访问时间：2023 年 4 月 8 日。

科学化水平。对国家治理的要素逐步予以量化，从而使国家治理的质量稳定下来、提高上去，这是国家治理现代化的不二法门。国家治理商数的本质就是借助“大数据”和“云计算”等技术平台，以量化的形式对国家治理状况作出全面、系统和客观的评定，据此形成或调整国家治理的决策和行动。可见，这是一项全新的国家治理手段。

其三，国家治理商数的表现形式是商数。商数是“一数除以不为零的数的结果”。[①] 以商数为表现形式意味着这项全新的国家治理手段是以数理化作为根基，以精确性作为特征，以计算性作为程式的。数理关系无非合数、差数、倍数、商数以及函数等，之所以选择商数，至为重要的原因在于：如果把除数视为一个基准值，把被除数视为一个数据值，商数可以视为一系列数据值的比较标准。智力商数（IQ）、情绪商数（EQ）的魅力，源自“商”字为其点睛，它们成功地运用了商数能够充当个体之于整体的衡量标准的作用。不难理解，就国家治理水平的衡量而言，必然涉及一个指标群的组织，而指标群中的各个指标总体上有正向指标和逆向指标两类，合数、倍数与之相左，差数过于简单，而函数[②]不够直接，最合适的莫过于商数。

其四，国家治理商数有其特定的适用范围。国家治理商数是以商数形式衡量国家治理水平的数量指标，但国家治理水平是一个非常复杂的概念，不仅涉及的要素非常多，而且有些是可以量化的，有些则难以量化。知其所不能而后知其所能也，建立国家治理商数这个概念的一个前提是必须对其适用范围有一个清醒的认识，避免过度量化而形成一种机械主义的治理模式。国家治理商数所涉领域虽然是一个具有多元性、多层次性、多面向性、多维度性的复杂系统，但总体上可解构为低阶、中阶和高阶三层结构。低阶系统位于金字塔结构的底层，其涉及的要素的物理和化学性质相对确定，具有可以精确描述的性状，可以取得相应的参变量，比如国家治理所涉及的人员、物

---

① 夏征农、陈至立主编：《辞海》，上海辞书出版社 2009 年版，第 1968 页。

② “凡此变数中函彼变数者，则此为彼之函数。”这里的函是包含的意思，表征的是一种“对应关系”，“对应”是函数概念的一种本质属性与核心部分。清代数学家李善兰、伟烈亚合作翻译了英国著名数学家德摩根（Augustus De Morgan，1806–1871）的《代数学》一书，首次用中文把“function”翻译为“函数”，此译名沿用至今。参见 Augustus De Morgan, *Element of Algebra*, London: Adamant Media Corporation，2003；李善兰、伟烈亚译：《代数学》，上海墨海书馆 1859 年版。

质、经费等。中阶系统位于金字塔结构的中层，所涉及的要素有一部分可以定量，称为中阶系统；而另外的部分只能定性，称为定性中阶系统。将二者结合起来就构成了国家治理领域的基本元子，比如党的十八届四中全会提出的作为全面推进依法治国总目标的“法治体系”即为适例。高阶系统位于金字塔结构的顶层，主要由抽象的原则、方针、主线、政策等构成，① 其特点是难以通过数理方法精确计量，而只能求助于现代模糊数学和灰色系统理论适当予以刻画。可见，国家治理商数的适用范围是低阶系统和定量中阶系统，以及可以通过现代模糊数学和灰色系统理论适当予以刻画的部分。

三、国家治理商数与相关概念的关系

与国家治理商数相关的概念，有“国家治理评估”“国家治理评价”“国家治理指数”“公司治理商数”等。除了“公司治理商数”② 外，其余概念在本质上都是伴随西方治理理论兴起而出现的一种评判国家治理状况的标准。对于这些标准，根据欧盟统计局的一个研究项目，在被关注的550多家（篇）关于民主、人权和善治的发起机构和文档中，有170个被认为作出了重要贡献，有45个已经发展出经得住时间检验的评估方法和指标，相应数据得到定期更新，并且被经常使用于经验研究和政策文本。③ 其中，影响较大的有联合国开发署负责的“治理指标项目”（Governance Indicators Project）、世界银行负责的“全球治理指标”（The Worldwide Governance Indicators）等。

从性质上判断，国家治理评估、国家治理评价、国家治理指数与国家治理商数一样，都是量化治理思想和技术的实际应用。所不同者，已有的评估

① 典型的例子，比如党的十八届四中全会提出的全面推进依法治国的重大任务就是完善以宪法为核心的中国特色社会主义法律体系，加强宪法实施；深入推进依法行政，加快建设法治政府；保证公正司法，提高司法公信力；增强全民法治观念，推进法治社会建设；加强法治工作队伍建设；加强和改进党对全面推进依法治国的领导。这些部署是国家治理的重要组成部分，但难以找到可以量化的参数和指标。

② 公司治理商数，简称CGQ，为国际上知名的“专业股东服务公司”（Institutional Shareholders Service，ISS）所创制，用以测量公司治理绩效，与国家治理商数的适用领域完全不同。

③ See Final Report of “Map-making and Analysis of the Main International Initiatives on Developing Indicators on Democracy and Good Governance”, University of Essex-Human Rights Centre，2003.

标准的重心在一个“估”字，国家治理商数的重心在一个“商”字。所谓“估”，是“对事物的价值或数目等大概的判断”[①]；所谓“商”，是“一数除以不为零的数的结果”[②]。尽管同处于量化治理框架之下，国家治理评估、国家治理评价、国家治理指数在很大程度上只是一个大概的估计，因此是粗放的和感性的，进而是不太可靠的；而国家治理商数则较多地使用了逻辑和运算，因此是精致的和理性的，进而更为可靠。这也解释了国家治理评估领域的一个乱象：为什么现有的治理指标体系林林总总、层出不穷而又彼此矛盾、相互掣肘？大致估算，目前可供使用的综合性治理指标有150种，单项指标则数以千计，并且新的治理指标体系还在不断涌现。[③]然而，根据联合国开发署的一份发展报告，用于测量的各种评估项目目前面临着巨大困境，即基本上不存在互不矛盾的测量工具，[④]从而不可避免地导致对一国治理情况的评估结果因机构、方法不同而各异，甚至截然相反；并导致国家评估结果的客观性、公正性和权威性一直受到严重的怀疑，甚至加剧了有关国家之间的政治外交隔阂。[⑤]客观地说，这个困境是既有评估标准的先天不足导致的，由于它的重心是一个“估”字，其中的自由裁量空间过大，以至于既难以找到客观的基准和方法用以相对准确定位，更难排除“西方观念”的影响和干预而做到价值中立。

国家治理商数则不同，尽管它也难以做到完全量化，但由于其内核是用逻辑和运算所打造的，因此能有效地克服国家治理评估的先天缺陷，以更客观、更可靠、更精准的量化技术服务于国家治理现代化之伟业。之所以作出这个判断，是因为国际上既有的评估工具往往采用的是“指标体系”+“项目运作”的模式，即在一个评估项目之下，对不同指标进行评测，然后综合评

---

① 夏征农、陈至立主编：《辞海》，上海辞书出版社2009年版，第737页。

② 夏征农、陈至立主编：《辞海》，上海辞书出版社2009年版，第1968页。

③ 总体来看，这些指标体系大致呈现对人权、民主和善治评估的三分之势，不同类别的治理评估所使用的工具和方法也不一样。

④ See UNDP, *Human Development Report 2002*, New York: Oxford University Press, p.36.

⑤ 如大赦国际和美国国务院每年发布的《世界各国人权报告》，由于根据自身的好恶判断是非，对所有对象都实施单一标准，完全不顾各个国家及政府面临的具体情况和实际困难，因此它得出的结论往往是脱离实际情况的、毫无根据的。不少人认为，这份冗长的报告正是美国“双重标准”的最好证明。报告看到了全世界的人权状况，唯独没有看到美国自己的。

估。尽管也离不开逻辑和运算，但其核心不是逻辑和运算，而是评估。由于国家治理商数的内核为逻辑和运算所打造，因此，国家治理商数是对已有治理指标体系在核心环节的创造性改进，其先进性在于内核为逻辑和运算所打造，其科学性为“大数据”和“云计算”等技术平台所保障。

第二节 国家治理商数的价值

任何一个国家，如果不依据数据来治理国家，是不可能真正走向现代化的。创制国家治理商数，是从经验式、试验式国家治理向量化治理、循“数”治国转变的技术性支撑和基础性工程，具有非常显著的理论和实用价值，这些价值在我国大力推进国家治理体系和治理能力现代化这一进程中尤为重要。

一、权威量化国家治理现代化程度

党的二十大明确提出，“从现在起，中国共产党的中心任务就是团结带领全国各族人民全面建成社会主义现代化强国、实现第二个百年奋斗目标，以中国式现代化全面推进中华民族伟大复兴”，到 2035 年，我国发展的总体目标包括：“基本实现国家治理体系和治理能力现代化”。[①] 由此，提出了一个非常重大的现实问题，即国家治理现代化程度的测定标准是什么？详言之，根据什么标准、采取什么方法判断改革是否取得决定性成果，是否形成系统完备、科学规范、运行有效的制度体系，各方面制度是否更加成熟更加定型，从而有根有据地、客观而非主观地宣告我国实现了国家治理的现代化？

---

① 习近平：《高举中国特色社会主义伟大旗帜 为全面建设社会主义现代化国家而团结奋斗——在中国共产党第二十次全国代表大会上的报告》，人民出版社 2022 年版，第 21 页。

可以想象，国家治理现代化的标准一定是综合性的，[①] 做到这一点并不难，难在找到一个具有权威性和解释力的标准。笔者建议创制“国家治理商数”，在很大程度上就是为了应对这个现实难题。[②] 其提供的解决方案包括两个方面：一方面，可以通过量化技术确定我国不同历史时期的国家治理商数，尤其是新中国成立初期、改革开放初期、当前等关键时期的国家治理商数，通过纵向上的数值增减来说明国家治理现代化的实现程度；另一方面，可以通过量化技术确定不同国家的国家治理商数以及我国在其中的坐标位置，通过横向上的数值比较来说明国家治理现代化的实现程度。

二、准确锁定国家治理短板

短板理论揭示了这样一个道理：组成一个木桶的木板如果是参差不齐的，该桶的装水量取决于最短的木板。把这个在管理学和经济学领域广泛应用的理论运用到国家治理领域可以发现，决定国家治理水平的，不是一国在某些方面所具有的优势，反而是其治理领域的短板。其方法论意义在于：在

① 因此，社会经济发展指数、人类发展指数等既有的指标不足以承担这个功能，必须寻求新的标准。

② 衡量一国治理情况的好坏，有许多方法。实际中最常用到的方法可归纳为：第一，折射法，即通过典型事件来评判国家治理情况。比如，2014 年 3 月马航飞机失联事件发生后，不少人认为，“MH370 失联后马来西亚政府的种种‘措手不及’，折射了这个国家的治理水平。信息延误与混乱的背后，是管理体制的僵硬与能力的缺失。”参见丁刚：《失联事件折射大马治理水平》，载《南宁晚报》2014 年 3 月 27 日第 2 版。

第二，比较法，即通过比较不同国家来评判国家治理情况。一般来说，这种比较是对一个或数个指标的比较。例如，2014 年 3 月，人民论坛问卷调查中心围绕理论界如何看待“第五个现代化”这个主题，对 220 位专家学者用电话采访、问卷调查、面谈等方式展开了调查，在“您认为国家治理体系与国家治理能力现代化的首要标准是什么”的调查中，67.3% 的专家认为首要标准是“宪法和法律成为公共治理的最高权威”，65.2% 的专家认为是“公权力运行的制度化和规范化”，56.5% 的专家认为是“民主化的制度安排”。另外，不少专家也提到了“政府提供优质的公共服务”“有效地维护社会稳定和社会秩序”等政府职能。参见人民论坛问卷调查中心：《理论界如何看“第五个现代化”》，载《人民论坛》2014 年第 4 期。

第三，评估法，即以一套指标体系对一国的治理情况作出大概的判断。对此，上文已有论述。比较起来，国家治理商数是以一个直观而且确定的数值来标识一个国家的治理情况，由于这个数值是建立在综合考虑和理性分析基础之上的，因此它不会像折射法那么草率，不会像比较法一样过于简单，也不会像评估法一样过于模糊和缺乏解释力。因此，相对来说，国家治理商数是衡量国家治理情况好坏比较理想的度量衡。

其他因素不变的情况下，努力改变那些妨碍目标实现的限制性因素，就能够显著地影响着国家治理现代化的实现程度。申言之，锁定短板就抓住了国家治理领域主要矛盾的主要方面，也就牵到了提高我国国家治理水平的“牛鼻子”。

锁定国家治理领域的短板，以往通常靠感觉，即哪里矛盾重、问题多、难度大，哪里就可能被认为是短板。感觉固然重要，但并不总是可靠。由于国家治理商数数值的确定有赖于各个方面数值的确定，这些数值能够清晰地反映出国家治理领域的短板所在，极为便捷，也更为可靠，无疑能够作为锁定国家治理短板的理想准据。

三、增加治理领域国际话语权

国家治理成效是政治制度优劣的试金石。当今世界仍然二分为“资”“社”两大方阵，角逐较力、你追我赶。究竟何种制度更胜一筹，其他任何标准恐皆难让人信服，唯有国家治理实绩才有最终的说服力。尽管国家治理表面上看是一个颇具技术性的概念，一旦涉及对国家治理成效的考察，则不可避免地会融入价值判断。加之各国国情有别，起点和阶段不一，高下优劣之判断存在较大幅度的弹性空间，足以掩盖所要推行的政治价值——这就是西方国家高度重视国家治理评估工作的根本原因之所在。在过去的几十年中，西方国家纷纷制定自己的治理评估标准和指标体系用以推广其价值体系和观念，并苦心经营多年，可以说在这个领域已经抢占了先机。由于“这些国际组织大多为西方发达国家所控制，其评估体系也多为西方专家学者研制，即使研制人员主观上努力想做到‘价值中立’，最终评估标准仍难免受西方中心主义价值观的影响。不少人直接批评说，这些所谓的‘普世价值’其实就是‘西方价值’，特别是‘美国价值’，所谓的‘普遍标准’其实就是‘西方标准’”，[①] 因此，制定国家治理评估标准并据此对别国治理状况进行评估，事实上就可以推广其政治价值，争取有利于扩大自己的政治话语权。

---

① 俞可平：《国家治理评估——中国与世界》，中央编译出版社 2009 年版，第 5 页。

当今世界，标准化已成为国家竞争力的核心成分，对标准争夺的激烈程度不亚于真实的战争。然而，对于国家治理领域的标准，西方国家业已先我一步，如果我国仅亦步亦趋，[①]最多只能消解和减少丧失先机所造成的不良后果。笔者认为，创造性地提出国家治理商数，并制定国家治理商数报告，就能依靠其明显优于国家治理评估的说服力和沟通性，打造一条增加治理领域国际话语权的捷径，让我国有机会在国家治理标准话语权争夺中实现“弯道超车”，占据在这一领域乃至价值体系的制高点和主动地位。

四、创新国家治理理论

通过检索中国知网可知，从党的十八届三中全会开幕的2013年11月9日到2024年，10年时间里以“国家治理”为题的文章已经超过1万篇；而此前的30年里（从1983年11月8日至2013年11月8日）以“国家治理”为题的文章一共不过是500余篇。单从数量上看，党的十八届三中全会无疑开启了国家治理理论研究的繁荣局面。然而，根据一项研究成果，近期国家治理理论问题的研究仍局限在这个框架中：（1）关于背景和意义；（2）关于基本内涵；（3）关于内容和目标；（4）关于途径和方法。现有研究成果大多是对中央重要文献的研读、解释和宣传。[②]

国家治理理论的开拓和重塑，并不能凭空而来，需要特定的条件。笔者认为，国家治理商数是一个支撑性概念，以此为支点可以构建出关于国家治理理论的新体系。它是一个可以将我国的国家治理理论提升到一个新水平的有力杠杆，真正的理论繁荣亦可借此切入。

---

① 比如，我国自1998年开始连续16年发布《美国人权的记录》，以抗衡美国在人权领域的“双重标准”；又如，以俞可平为首席专家的“中国国家治理评估框架”课题组倡导构建“中国特色的国家治理评估框架”。

② 在党的十八届三中全会公告之前，学界并没有提出国家治理现代化，也并未研究国家治理能力和国家治理体系的问题；而其后，也没有研究成果真正富有创造性，可以走在时代的前头。若不能引领方向，研究的繁荣不过只是数量的繁荣。

第三节 国家治理商数的公式

国家治理商数的公式是国家治理商数所有问题的核心和关键。国家治理商数是国家治理体系和国家治理能力在加权之后与国家治理成本的比值，其计量模型可设计为：

$$y_t=\frac{\sum_{i=1}^{I}a_i x_{it}}{z_t}\times 100$$

公式 1 治商公式

y_t 表示 t 时刻的国家治理商数（National Governance Quotient，NGQ）；x_{it} 表示评价要素，具体包括国家治理体系（National Governance System，NGSY）和国家治理能力（National Governance Capacity，NGCA）；a_i（i = 1，2，……）代表各评价要素的权重系数[①]；z_t 表示国家治理成本（National Governance Costs，NGCO）。根据治商公式得出的国家治理商数数值越高，等级越高，表明国家治理情况越好。治商等级如表 1 所示。从各国治商数值的分布看，在治商等级坐标中应当总体呈中间大两头小的橄榄形结构。

表 1 治商等级

治商等级	治商数值	治商评价
NGQ Ⅰ	治商 >150	A+
NGQ Ⅱ	治商 120~150	A
NGQ Ⅲ	治商 90~120	B+
NGQ Ⅳ	治商 60~90	B
NGQ Ⅴ	治商 30~60	C+
NGQ Ⅵ	治商 <30	C

① 权重系数是指在一个领域中对目标值起权衡作用的数值。

对于治商公式的逻辑关系结构，可总括为：

第一，国家治理商数是国家治理体系和国家治理能力对国家治理成本的优势。

变量选取是国家治理商数计量模型的首要任务。如果变量选取不当，那么由此确定的国家治理商数，不仅无用，而且贻害无穷。国家治理商数在形式上是一个比值，必然涉及正向指标和逆向指标。我们选取国家治理体系和国家治理能力作为国家治理商数的正向指标，选取国家治理成本作为逆向指标。[①] 这些变量符号及定义如表 2 所示。

表 2　变量定义

变量名称	符号	定义
国家治理商数	*NGQ*	以商数形式衡量国家治理水平的数量指标
国家治理体系	*NGSY*	管理国家的制度体系，包括经济、政治、文化、社会、生态文明和执政党的建设等各领域体制机制、法律法规安排，也就是一整套紧密相连、相互协调的国家制度[②]
国家治理能力	*NGCA*	运用国家制度管理社会各方面事务的能力，包括改革发展稳定、内政外交国防、治党治国治军等各个方面
国家治理成本	*NGCO*	国家治理过程中所消耗的各方面资源的总和

国家治理体系和治理能力是一个国家制度和制度执行能力的集中体现，两者相辅相成，单靠哪一个治理国家都不行，所以在正向指标的选择上，将二者都予以考虑。而国家治理成本越高，国家治理水平越低，所以把国家治理成本设定为逆向指标。由此，国家治理商数的实质就是国家治理体系和国家治理能力相较于国家治理成本的优势。

第二，国家治理体系与国家治理能力呈正相关。

① 在选取变量时，我们没有考虑直接使用 GDP、人均国民收入、就业率等指标，主要是考虑到简单地以结果（尤其是部分领域的结果）论高下是不公正的。以中国为例，早在 30 多年前，费正清在研究中国时就讲到，中国这个国家其治理难度之大是人们无法想象的。所以，我们不能用一项或几项指标来判定国家治理商数，而选取了更具有容纳性和穿透力的“国家治理体系”“国家治理能力”“国家治理成本”。

② 国家治理体系和国家治理能力概念的提出和界定，来源于习近平总书记在党的十八届三中全会上的讲话。参见中共中央文献研究室编：《十八大以来重要文献选编》（上），中央文献出版社 2014 年版，第 548 页。

正相关意味着国家治理体系和治理能力之间存在一种变化方向一致的相关关系[①]。一方面，国家治理体系和国家治理能力是两个相互独立的变量。纵观当今世界，各国各有其治理体系，而各国治理能力则由于客观情况和主观努力的差异又有或大或小的差距，甚至同一个国家在同一种治理体系下不同历史时期的治理能力也有很大差距。这说明，国家治理体系和国家治理能力是完全可以分开描述和评价的。另一方面，两个变量之间的变化方向是一致的。“国家治理体系和治理能力是一个有机整体，相辅相成，有了好的国家治理体系才能提高治理能力，提高国家治理能力才能充分发挥国家治理体系的效能。”[②]此同向变化决定二者的正相关关系。

第三，国家治理商数与国家治理成本成反比。

国家治理商数的计量模型隐含了一个非常重要的提示：国家治理现代化是在国家治理成本约束条件下的国家治理体系最优化和国家治理能力最大化，因此也就是在其他既定条件之下的国家治理成本最小化或国家治理体系最优化与国家治理能力最大化的求解。党的十八届三中全会提出的国家治理体系和国家治理能力这两个概念，固然是衡量国家治理水平高低的圭臬，但如果置国家治理成本于不顾，仅仅在国家治理体系和治理能力上用力，是不可能客观认识一国治理水平的真正面貌的。易言之，国家治理商数是一个因变量，其数值取决于国家治理体系、国家治理能力和国家治理成本三者的评价值，其高低取决于国家治理体系和国家治理能力相对于国家治理成本的优势。国家治理体系和国家治理能力的评价值越高，国家治理商数就越高；而国家治理成本越高，国家治理商数就越低。在有些治理模式下，对政绩关注得多，对成本关注得少，鼓励了大量的短期行为，纵容了“三高三低”[③]的粗放型发展方式，透支了子孙后代赖以生存的资源环境。尽管这种模式非常容易打造所谓的“丰功伟绩”，但正如前文所指出的，国家治理水平的高度并不是由

① 所谓相关关系，即当一个或几个相互联系的变量取一定的数值时，与之相对应的另一变量的值虽然不确定，但它仍按某种规律在一定的范围内变化，变量间的这种相互关系，称为具有不确定性的相关关系。

② 参见中共中央文献研究室编：《十八大以来重要文献选编》（上），中央文献出版社 2014 年版，第 548 页。

③ 所谓“三高三低”，即“高投入、高消耗、高污染”和“低产出、低效率、低质量”。

"最长的木板"而是由"最短的木板"所决定的。所以，衡量国家治理水平，不应当只把眼光放在国家治理体系和国家治理能力上，不应当只看国家治理体系有多完善而忽略为了这份完善而消耗的资源，不应当只看到国家治理能力有多高超而不顾这种能力对国家长远和根本利益的损害。推进国家治理现代化，必须有成本意识。

第四节　治商公式中变量和权重系数的取值

阿尔伯特·爱因斯坦一生钟情于算数，但他说，算数的不一定算得出来，数得出来的也未必算数。在操作层面，国家治理商数要求确定*NGSY*、*NGCA*、*NGCO*三个变量和a_1、a_2两个权重系数的数值。与自然科学领域不同，政治社会领域中变量的确定只能依靠主客观相结合的方式，纯粹的"算数"是根本不可能实现的，更是缺乏实际意义的。因此，对于治商公式中的变量和权重系数，其取值宜按主客观相结合的评分法来确定。当然，指标体系和评分基准的设置，在总体上需要考虑如下因素：（1）关联性，即能够有效说明意向测评的内容；（2）可测性，即在性质上可以实现数字化；（3）代表性，即在能够说明意向测评内容的所有数据中是最有说服力的；（4）可得性，即相关数据的获取有其途径；（5）可检测性，即不同的人使用相同的数据和方法能够得到相同的结论；（6）可比较性，即在内容上是可以进行国别比较的；（7）有效性，即更多地选择能够表征国家治理结果的指标，用治理的成果反证治理的水平，避免陷入用尺子度量尺子的死循环。

一、国家治理体系（NGSY）的取值

国家治理体系是一个崭新概念，但对其内涵外延的界定尚未引起足够重视，国家治理体系、制度体系、价值体系之间的关系亦混沌不明。由此引发不少理论上的困扰，譬如：既然国家治理体系就是制度体系，那么是否意味

着至关重要的价值体系不属于国家治理体系的范畴？[①]在《辞海》中，制度一词的第一义项是“在一定历史条件下形成的政治、经济、文化等方面的体系”[②]。国家治理体系实际上就是一整套紧密相连、相互协调的国家制度，国家治理体系等同于国家治理制度，其他体系包括价值体系都是国家治理体系也就是国家制度的组成部分，这是国家治理体系、制度体系与价值体系之间的逻辑关系。国家治理体系（*NGSY*）的评价值总分为100分，其评价指标系统完备、科学规范、运行有效、成熟定型[③]各占25分，每一个指标又可进一步细分为五个评分基准，各5分。具体情况如表3所示。

表3 *NGSY*评分基准

评价指标	分值	评分基准
系统完备	25分	领域：经济、政治、文化、社会、生态文明和执政党的建设全面覆盖（5分）
		结构：政府、社会、市场协同共治（5分）
		内容：体制、机制、制度、法律协调完备（5分）
		体系：价值体系、组织体系、规则体系、执行体系联动集成（5分）
		功能：动员、组织、监管、服务、配置系统有效（5分）
科学规范	25分	良善性：构建国家治理体系的目的是公益而非私利（5分）
		民主性：公民有序参与（5分）
		法治性：充分运用法治思维和法治方式（5分）
		规范性：党、国家、社会各项事务治理制度化、规范化、程序化（5分）
		科学性：实现国家治理体系内在的科学和谐统一（5分）

① 不少人认为，国家治理体系与价值体系是相互独立的，如赵周贤认为价值体系与国家治理体系是“国之魂”与“国之制”的关系。参见赵周贤：《以“国之魂”引领“国之制”不断完善》，载《求是》2014年第8期。

② 夏征农、陈至立主编：《辞海》，上海辞书出版社2009年版，第2949页。

③ 党的十八大提出，确保到2020年实现全面建成小康社会的宏伟目标，构建系统完备、科学规范、运行有效的制度体系。党的十八届三中全会提出，到2020年，在重要领域和关键环节改革上取得决定性成果，形成系统完备、科学规范、运行有效的制度体系，使各方面制度更加成熟更加定型。据此，国家治理体系的评价指标有四项：（1）系统完备；（2）科学规范；（3）运行有效；（4）成熟定型。

续表

评价指标	分值	评分基准
运行有效	25分	提供相应的公共产品（稳定、公正、自由等）（5分）
		人民满意度维持在一定水平（5分）
		实现集体行动（5分）
		合理的效率（5分）
		风险控制（5分）
成熟定型	25分	稳定性[①]（5分）
		适应性[②]（5分）
		内生性（5分）
		回应性（5分）
		自我调适性[③]（5分）

二、国家治理能力（NGCA）的取值

国家治理能力是运用国家制度管理社会各方面事务的能力，其实质是制度执行力。国家治理能力（*NGCA*）的评价值总分为100分，其评价指标分为主体指标、领域指标和内容指标三类，具体的分值配比和评分基准如表4所示。

① 制度的功能在于形成秩序，治理制度化是国家稳定的基本条件。美国学者亨廷顿在《变化社会中的政治秩序》中就专门讨论了政治制度化与政治稳定的关系。他认为，政治制度是规范政治行为的机制，也是组织政治共同体、实现社会政治稳定的力量；政治制度化与政治不稳定成反比，政治制度化水平越高，政治稳定的程度就越高。参见［美］塞缪尔·P. 亨廷顿:《变化社会中的政治秩序》，王冠华、刘为等译，三联书店1989年版，第11页。

② 一个国家选择什么样的治理体系，是由这个国家的历史传承、文化传统、经济社会发展水平决定的，是由这个国家的人民决定的。我国今天的国家治理体系，是在我国历史传承、文化传统、经济社会发展的基础上，长期发展、渐进改进、内生性演化的结果。

③ 治理体系的自我调适能力关注的是制度自身的反思能力，尤其是制度的制定者和执行者对问题的判断能力和自我纠错能力。

表 4 *NGCA* 评分基准 ①

评价指标	分值	评分基准	
主体指标	30分	执政党科学执政、民主执政、依法执政能力	（10分）
		国家机构履职能力	（10分）
		人民群众依法管理国家事务、经济社会文化事务、自身事务的能力	（10分）
领域指标	30分	改革发展稳定能力	（10分）
		内政外交国防能力	（10分）
		治党治国治军能力	（10分）
内容指标	40分	获得合法性的能力	（10分）
		整合国内外资源和提供公共产品的能力	（10分）
		国家意志转化和执行能力	（10分）
		调控危机和风险的能力	（10分）

三、国家治理成本（NGCO）的取值

国家治理有“贵”“廉”之分，国家治理是否“高贵”，在很大程度上取决于国家治理成本是否“低廉”。② 当然，对国家治理成本要全面理性看待，要注意到它是长期成本而不是短期成本，是多元共治主体目标函数约束下的总成本而不是纯粹的政府治理成本。这是因为，有效的国家治理分为长期的有效性和短期的有效性、可持续的有效性和不可持续的有效性。考察国家治理水平，必须考虑时间和空间的变量。所谓时间的变量，是指国家治理持续的有效性；所谓空间的变量，指的是国家治理广泛的有效性。国家治理成本

① 评分基准设置的依据，一方面，是根据习近平总书记在《切实把思想统一到党的十八届三中全会精神上来》一文对有关问题的论述，这些论述是主体指标和领域指标的重要依据；另一方面，是从内容角度补充了前一方面没有涉及的部分。

② 比如，美国以私营为基础的卫生保健制度昂贵、低效，效果远不如在这方面花钱少很多的欧洲国家。参见 Joseph E. Stiglitz，*China's Reformers Can Triumph Again，if They Follow the Right Route*，The Guardian，2 April，2014.

(*NGCO*)的评价值总分为 100 分，其评价指标包括维护成本和改革成本[1]，各占 50 分，具体的分值配比和评分基准如表 5 所示。

表 5　*NGCO* 评分基准

评价指标	分值	评分基准
维护成本	50 分	税收负担　（10 分）
		资源消耗　（10 分）
		建立成本　（10 分）
		交易成本　（10 分）
		秩序成本　（10 分）
改革成本	50 分	沉没成本[2]　（10 分）
		试错成本　（10 分）
		转换成本　（10 分）
		效率损失　（10 分）
		风险成本　（10 分）

四、权重系数（a_1、a_2）的取值

a_1、a_2 的确定，表面上是一个技术性活动，实为评定国家治理体系（NGSY）与国家治理能力（NGCA）之间的比例关系。前文已揭，国家治理体系与国家治理能力呈正相关，但正相关只说明二者的变化方向一致，更进一步的关系需以权重系数来标识。笔者认为，如果不考虑具体国情而仅作理论抽象，国家治理体系与国家治理能力同等重要，因此权重系数 a_1 和 a_2 都应赋值 0.5，0.5 是其基准值。然而，各国国情有别，国家治理体系和国家治理能

① 2013 年 10 月 7 日，习近平主席在亚太经合组织第二十一次领导人非正式会议上的讲话中指出，“改革之路从无坦途，无论发达成员还是发展中成员，都要做好为改革付出必要成本的准备。”参见习近平：《发挥亚太引领作用，维护和发展开放型世界经济——在亚太经合组织领导人会议第一阶段会议上关于全球经济形势和多边贸易体制的发言》（2013 年 10 月 7 日），载《人民日报》2013 年 10 月 8 日第 2 版。习近平的“改革成本论”告诉我们，改革有收益是一个或然结果，而改革有成本则是一个必然事实。

② 沉没成本是指由于过去的决策已经发生了的，而不能由现在或将来的任何决策改变的成本。

力对国家治理的重要性不同。故权重系数的取值应考虑不同国家的实际情况，甚至也要考虑各国的文化传统和价值理念，而后在一定幅度内微调，避免以己之价值观念施加于他人之上。比如说，在我国现阶段，相对而言，我国的国家治理体系比较完备，制度优势比较明显，但在国家治理能力上需要下更大气力。应该看到，制度执行力、治理能力已经成为影响我国社会主义制度优势充分发挥、党和国家事业顺利发展的重要因素。只有以提高党的执政能力为重点，尽快把我们各方面管理者的思想政治素质、科学文化素质、工作本领都提高起来，尽快把党和国家机关、企事业单位、人民团体、社会组织等的工作能力都提高起来，国家治理体系才能更加有效运转。为此，我们可以把 a_2 的取值适当提高到 0.6。

五、以“大数据”和“云计算”为技术平台保障和提升国家治理商数的科学含量

国家治理商数的科学程度取决于所获数据的全面、准确和可靠程度。国家作为最具权威性和代表性的政治共同体，收集、保存、使用数据于古今中外莫不如此。但信息化时代之前的数据比较简单和孤立。然而，“互联网特别是移动互联网的发展，加快了信息化向社会经济各方面、大众日常生活的渗透。有资料显示，1998 年全球网民平均每月使用流量是 1MB（兆字节），2000 年是 10MB，2003 年是 100MB，2008 年是 1GB（1GB 等于 1024MB），2014 年将是 10GB”。[①] 根据国际电信联盟统计，从全球范围看，2022 年固定宽带用户的月平均数据使用量为 257GB，移动宽带用户的月平均数据使用量为 11GB。人类无疑已经迈进了“大数据”和“云计算”时代。大数据泛指巨量的数据集，“是指那些大小已经超出了传统意义上的尺度，一般的软件工具难以捕捉、存储、管理和分析的数据”。[②] 大数据之所以产生，是因为今天无处

① 邬贺铨：《大数据时代的机遇与挑战》，载《求是》2013 年第 4 期。

② 涂子沛：《大数据：正在到来的数据革命，以及它如何改变政府、商业与我们的生活》，广西师范大学出版社 2013 年版，第 57 页。

不在的传感器和微处理器。[①]而“云计算”是从数据库、互联网数据中心演变而来，其底层（设施层）包括存储器、服务器等，支持虚拟共享和动态配置，提供信息化设备外包和托管服务，即以出租信息存储设备作为服务。“大数据”和“云计算”提出并应对的是如何收集、保存、维护、管理、分析、共享正在呈指数级增长的数据这一挑战。这个变化意味着国家治理活动得到了前所未有的记录，这种记录的粒度[②]很高，频度很大，可供分析和使用的数据极为丰富，通过对这些数据的交换、整合和分析，可以对国家治理商数的计算提供更为全面、准确和可靠的信息。得益于这一进步，国家治理商数将测量得更为精准，计算得也将更为可靠，从而有助于使国家治理商数的分析和计算过程脱下同类分析工具“准科学”的外衣，成为一种科学的分析工具。

第五节　治商决定论

国家兴亡，在一定程度上取决于治商，此谓之治商决定论。作为一种崭新的国家理论，其提出针对的是在世界范围内流行了半个多世纪的西化运动以及支撑这场运动的“历史终结论”，其初衷是希望治国者以一个更加务实也更加专业的视角来掌控国家的荣衰，使命是通过提供基础的技术性支撑致力于各国之治理大业。

若留心观察，世上之国大致可分为两种：一为“自由幸福”的小国，譬如丹麦、挪威；二为“荣耀强盛”的大国，譬如美国、俄罗斯。全球一体化以降，各国你追我赶、各美其美，但于治国理政上有一则议题非但未解反而愈发迷离，即什么是国家实现自由、幸福、荣耀、强盛的决定性因素，反之，

① 参见［美］托马斯·H. 达文波特：《中国的雄心应该拓展到大数据领域》，载涂子沛：《大数据：正在到来的数据革命，以及它如何改变政府、商业与我们的生活》，广西师范大学出版社 2012 年版，序言第Ⅺ页。

② 数据粒度是指数据的细化程度。细化程度越高，粒度就越小；相反，细化程度越低，粒度就越大。参见涂子沛：《大数据：正在到来的数据革命，以及它如何改变政府、商业与我们的生活》，广西师范大学出版社 2012 年版，第 60 页。

又是什么导致了国家的窒息、衰败、动荡和没落。“冷战”结束后，日裔美国学者弗朗西斯·福山因应美欧“不战而胜”之势提出，西方自由民主政体将成为一切国家政府的唯一及最后的形式，此即所谓的“历史终结论”。不难想象，此谶言之论给出的回答是，实行西式自由民主制度是实现国家自由、幸福、荣耀和强盛的唯一正途。与此共脉，“华盛顿共识”给发展中国家开出了“市场化、私有化、自由化”的标准处方，倾向于政治经济“双震荡疗法”。然而，半个多世纪以来据此而行的一些中东、非洲、拉美国家掀起了西化浪潮，不但未走上大治，反而江河日下，不少人谓之“西方民主陷阱”；而埃及、泰国、乌克兰今天正在发生的故事不断挑战着那些业已为人们所习以为常的，甚至被当作圣经的西方民主化理论命题，诸如公民社会是民主政治的前提和基础、中产阶级带来民主、民主有利于民族和解；[①] 美国学者 2008 年的一项调查结果更进一步显示，虽然 1974 年以来全世界已有 90 多个国家“过渡到民主政体，但民主俱乐部的大多数成员（还有一些老成员）都表现不佳”[②]。而即使是那些看起来转型比较成功的国家，如智利、加纳、波兰和南非，由于这些国家的治理仍面临巨大的挑战，各方面也都不甚满意。[③] 现实已经说明，简单地套用一种既定的制度模式就可以实现国家强盛、人民幸福是再幼稚不过的幻想。国家治理者的职责并不在于追求理论上完美的制度模式，其本分是立足一国国情并以问题为导向不断改进国家治理，实实在在地提高普罗大众的福祉，而相应的制度也会在这个过程中得以渐进改进、内生演化。

治商决定论是以大量史实作为支撑的一个论断。千百年的人类历史，数不清的国家政权“你方唱罢我登场”，只不过是治商高低升降所导演的历史剧。邓小平提出，评价一个国家的政治体制、政治结构和政策是否正确，“关键看三条：第一是看国家的政局是否稳定；第二是看能否增进人民的团结，

① 对这几个理论命题的系统证伪，参见杨光斌：《几个流行的民主化理论命题的证伪》，载《北京日报》2014 年 3 月 17 日第 21 版。

② 这项调查是美国民主问题专家戴尔蒙德（Larry Diamond）开展的，调查内容发表在美国《外交》杂志 2008 年 3、4 月合刊中。

③ 参见樊鹏：《政府改革：新潮流与新观察》，载《政治学研究》2009 年第 4 期。

改善人民的生活；第三是看生产力能否得到持续发展。”[①] 萨缪尔·P. 亨廷顿在比较各国发展差异后也指出：“当今世界各国之间最重要的政治分野，不在于他们的政府形式，而在于他们政府的有效程度。”[②] 这些观点均观察到国家治理实绩所具有的难以取代的重要性。这也在一定程度上印证了，是治商而不是别的决定了国家的荣衰。国家治理的任务就是通过完善国家治理体系、提高国家治理能力、降低国家治理成本，不断扩大优势，限缩弊病。

作为“治商决定论”和“国家治理商数”的创制者和倡导者，笔者深刻地意识到这样一个道理，即治商是国家兴亡真正的导演。《大学》中有句话是“止于至善”。西方模式并非“至善”，人类社会没有理由贸然终结前行的脚步。从治商的角度观察，当今中国以人类历史上最快的发展速度证明了中国道路的有效性，在新的历史起点上全面深化改革，需要把有效性的时间和空间因素导入中国的发展道路，使这种有效性在时间上更持久、在空间上更广泛，距离“至善”更近。

---

① 邓小平：《怎样评价一个国家的政治体制》（1987 年 3 月 27 日），载《邓小平文选》第 3 卷，人民出版社 1994 年版，第 213 页。

② ［美］塞缪尔·P. 亨廷顿：《变化社会中的政治秩序》，王冠华，刘为等译，上海人民出版社 2008 年版，第 1 页。